SITZUNGSBERICHTE DER DEUTSCHEN AKADEMIE
DER WISSENSCHAFTEN ZU BERLIN

*Klasse für Philosophie, Geschichte, Staats-, Rechts-
und Wirtschaftswissenschaften*

Jahrgang 1967 · Heft 4

HELMUT KOZIOLEK

ZUR THEORIE UND PRAXIS DER SOZIALISTISCHEN WIRTSCHAFTSFÜHRUNG

AKADEMIE-VERLAG · BERLIN
1967

Vortrag gehalten von Herrn Koziolek in der Sitzung der Klasse für Philosophie, Geschichte, Staats-, Rechts- und Wirtschaftswissenschaften vom 17. Novembar 1966
Zum Druck genehmigt am gleichen Tage, ausgegeben am 14. 4. 1967

Erschienen im Akademie-Verlag GmbH, 108 Berlin, Leipziger Straße 3–4

Lizenznummer: 202 · 100/195/67
Gesamtherstellung: VEB Druckhaus „Maxim Gorki“ 74 Altenburg
Bestellnummer 2010/67/VI/4 · ES 5 B 1
1,80

Die Fragen der sozialistischen Wirtschaftsführung rücken immer stärker in den Mittelpunkt unseres Interesses. Dies hängt ursächlich mit der Lösung der komplizierten Probleme der zweiten Etappe des neuen ökonomischen Systems der Planung und Leitung zusammen. Das Wesen dieser Etappe besteht bekanntlich darin, den Einsatz der ökonomischen Potenzen so vorzunehmen, daß der höchste volkswirtschaftliche Effekt, dessen Gradmesser der höchstmögliche, stabile, realisierbare Zuwachs des Nationaleinkommens ist, durch ein entsprechend dynamisches Planungssystem gesichert wird. Damit im Zusammenhang hat die sozialistische Wirtschaftsführung mit qualitativ neuen Problemen fertigzuwerden, die sich vor allem aus der Bewältigung der Anforderungen der technischen Revolution ergeben.

Ich möchte dabei nur auf drei Dinge verweisen.

Zum einen muß die sozialistische Wirtschaftsführung, wie dies auf dem 11. Plenum des ZK erneut herausgearbeitet wurde, entschieden ausgehen von der *Rolle der Forschung und Entwicklung im Reproduktionsprozeß*; denn von hier gehen die wichtigsten Wachstumsimpulse der Wirtschaft aus. Sie bewirkt die wesentlichsten qualitativen Veränderungen in der Produktionsstruktur. Das zeigt sich vor allem im enormen Entwicklungstempo forschungsintensiver Zweige, die in der Regel identisch sind mit der Wachstumsindustrie, und schließlich können wir nur so verstehen, daß eine Umbewertung der Zeitmaßstäbe im wirtschaftlichen Denken nötig ist, was bei der Gestaltung des Planungssystems zu beachten ist. Wenn wir von Forschung und Entwicklung als Wachstumsfaktor sprechen, so ist dies in erster Linie die Mehrung und Ausnutzung des Wissensfundus für die Entwicklung der materiellen Produktion.

Zum anderen muß die sozialistische Wirtschaftsführung immer stärker den *Absatz der erzeugten Produkte* in Rechnung stellen. Unter den Bedingungen des ökonomischen Wettbewerbs und unserer stark außenhandelsintensiven Wirtschaft sowie den Anforderungen des wachsenden Lebensstandards ergibt es sich notwendig, eine aktive Absatzpolitik zu betreiben. In der Realisierung der Produktion zeigt es sich letztendlich, ob sich der

Einsatz der Arbeit gelohnt hat oder nicht, ob er effektiv war oder nicht. Aufgabe der sozialistischen Wirtschaftsführung ist es, ausgehend von einer aktiven Absatzpolitik, eine effektive technisch-ökonomische Politik zu betreiben. Immer mehr Führungskräfte unserer Wirtschaft beginnen, diese Führungsaufgaben zu verstehen. Der Hauptweg zur qualitativen Lösung dieser Aufgaben ist die sozialistische Rationalisierung, auf deren Wesen ich noch an anderer Stelle zurückkomme.

Schließlich muß als allgemeine Methode sozialistischen Wirtschaftens, der Erzielung hoher Wirtschaftlichkeit, die wirtschaftliche Rechnungsführung hervorgehoben werden. Alle Phasen der Reproduktion in den Betrieben und VVB müssen im Interesse der Entwicklung der sozialistischen Gesellschaft durchdrungen sein vom Prinzip, mit geringstmöglichem Aufwand höchstmöglichen Ertrag zu erzielen. Es muß also endgültig von solchen fehlerhaften engen Definitionen abgegangen werden, daß die wirtschaftliche Rechnungsführung das Prinzip sei, wonach die Einnahmen die laufenden Ausgaben decken, sondern die Einnahmen müssen eine solche Rentabilität gewährleisten, daß die gesamten Aufwendungen im Prozeß der erweiterten Reproduktion, also sowohl die laufenden Ausgaben als auch die Akkumulationsbedürfnisse, durch sie abgedeckt werden.

Die Eigenerwirtschaftung der Investitionen für die erweiterte Reproduktion, die Übergabe der Amortisationsmittel an die VVB und VEB, dehnen die wirtschaftliche Rechnungsführung konsequent auf den Kreislauf der Produktionsfonds im Reproduktionsprozeß aus. Daraus ergibt sich eine höhere Verantwortung der wirtschaftenden Organe wie der VVB und Betriebe für die ökonomisch effektivste Bilanzierung und für den rationellen Einsatz der Fonds. Diese Entwicklung wird ohne Zweifel immer weiter fortgeführt. Die Stärkung der Eigenverantwortlichkeit der VVB und VEB ist ohne Zweifel ein wichtiger Schlüssel zur Hebung der Effektivität, erfordert aber vor allem auch Wahrnehmung der Möglichkeiten.

In seiner Rede vor dem Bezirksparteiaktiv in Halle hat Walter Ulbricht sehr ausführlich zu Fragen der wirtschaftlichen Rechnungsführung im Zusammenhang mit Fragen der Kosten, des Gewinns und der Preise Stellung genommen. Wir werden uns mit solchen Problemen noch im Zusammenhang mit dem Nationaleinkommen usw. befassen. Hier kam es nur darauf an, herauszuarbeiten, daß die wirtschaftliche Rechnungsführung konsequent geschäftsmäßig gehandhabt werden muß.

Ich habe meine Darlegung bewußt mit drei wesentlichen neuen Tendenzen der sozialistischen Wirtschaft begonnen, weil die sozialistische Wirtschaftsführung vor allem das Wie der Erzielung höchster Effektivität zum Inhalt hat.

„Diese Lehre von der sozialistischen Wirtschaftsführung“, so legte Walter Ulbricht auf der 5. Tagung des ZK der SED dar, „behandelt die zweckmäßigste Art und Weise der Leitung der Volkswirtschaft, der VVB und des volkseigenen Betriebes. Sie ist die Wissenschaft von der Leitung, die alle Vorzüge der sozialistischen Ordnung voll ausnutzt.

Sie schließt das System der Leitung, das Treffen von Entscheidungen, die wirksamsten Methoden der Führung von Arbeitskollektiven und die Anwendung modernster Organisation und Technik im Leitungsprozeß ein.

Die Fähigkeiten und Kenntnisse für eine erfolgreiche Wirtschaftsführung sind durch Studium und praktische Arbeit erwerbbar. Dies gilt zum größten Teil auch für die erforderlichen charakterlichen Qualitäten und für die Gesamtpersönlichkeit eines erfolgreichen Leiters. Es ist doch klar: In den verantwortlichen Funktionen, speziell ... an der Spitze der VVB und der Betriebe, brauchen wir nicht den Typ eines subalternen Verwaltungsmenschen. Im Gegenteil, wir müssen Kader entwickeln, die echte Leiter der sozialistischen Wirtschaft sind. Solche Leiter sind hochqualifizierte Persönlichkeiten, in den technischen und ökonomischen Fragen ihres Gebietes beschlagen. Sie verstehen, den Marxismus-Leninismus anzuwenden und sind der Arbeiterklasse treu ergeben. Sie zeichnen sich besonders aus durch Verantwortungsfreude, Schöpfertum und Kühnheit, aber auch durch geschäftliche Sachlichkeit, nüchternes Kalkulieren und eiserne Arbeitsdisziplin. Und sie verstehen es, diese Eigenschaften auf das Arbeitskollektiv zu übertragen und es so zur höchsten Leistung zu führen.“[1]

Die Lehre von der sozialistischen Wirtschaftsführung ist als wirtschaftswissenschaftliche Disziplin Bestandteil der Theorie der Leitung der sozialistischen Gesellschaft. Sie bedient sich der dialektischen Methode.

Wenn man die Hinweise Walter Ulbrichts auf dem 5. Plenum analysiert, so ergibt sich, daß der *Gegenstand der Theorie der sozialistischen Wirtschaftsführung* die gesetzmäßigen Zusammenhänge des gesamtgesellschaftlichen Reproduktionsprozesses und seiner Teilsysteme ist, insbesondere seiner Leitung, deren Verhaltensweisen, die Erforschung der objektiven und subjektiven Faktoren, die durch die wissenschaftliche Führung der sozialistischen Wirtschaft planmäßig zusammenwirken und von deren Beherrschung der Nutzeffekt der gesellschaftlichen Arbeit, die materiellen Möglichkeiten der Befriedigung gesellschaftlicher, kollektiver und persönlicher Interessen und die allseitige Entwicklung des sozialistischen Menschen wesentlich ab-

[1] Walter Ulbricht, Zum neuen ökonomischen System der Planung und Leitung, Berlin 1966, S. 410—411

hängen. Dafür arbeitet sie Prinzipien und Zielstellungen, Formen und Methoden, Mittel und das Instrumentarium der Leitung aus.

Die Lehre von der sozialistischen Wirtschaftsführung behandelt die zweckmäßigste Art und Weise der Leitung der Volkswirtschaft, der sozialistischen Wirtschaftseinheiten und anderer wirtschaftsleitender Organe, deren Verhalten sich auf die richtige und vollständige Ausnutzung aller Vorzüge und ökonomischen Gesetze des Sozialismus gründet. Ihrem Wesen nach ist sie dynamisch und fähig, auf neue Erfordernisse der gesellschaftlichen Entwicklung zu reagieren.

Die nach Leitungsebenen gegliederten Führungsbereiche und die ihnen entsprechenden Organe sind zur einheitlichen, aufeinander abgestimmten Führung der sozialistischen Wirtschaft im System miteinander verbunden. Sie üben einzeln und in ihrer Gesamtheit produktive ökonomische Tätigkeit aus. Sie selbst ist unter Beachtung des Gesetzes der Ökonomie der Zeit zu organisieren und übt gleichzeitig einen entscheidenden Einfluß auf die Durchsetzung dieses objektiven ökonomischen Gesetzes in allen Bereichen der Wirtschaft und in allen Phasen des gesamtgesellschaftlichen Reproduktionsprozesses aus.

Der Prozeß der erweiterten Reproduktion vollzieht sich gesetzmäßig und kontinuierlich als ein Prozeß, der die gesamte Volkswirtschaft erfaßt. Er existiert als eine Vielzahl — auf der Grundlage des arbeitsteiligen Systems der Volkswirtschaft — in sich verflochtener und sich gegenseitig bedingender dynamischer Einzelprozesse.

Die sozialistische Wirtschaftsführung hat es mit der Steuerung und Regelung von Wirtschaftssystemen (Volkswirtschaft, Zweig, Betrieb) zu tun. Daraus ergibt sich die große Bedeutung kybernetischer Analyse und Systemkonstruktion. Die Lehre von der sozialistischen Wirtschaftsführung hat die Aufgabe, mittels der Kybernetik (also unter Herausarbeitung des System-, Regel- und Informationsaspektes) an der konsequenten Anwendung und Weiterentwicklung der Grundlinie des neuen ökonomischen Systems mitzuwirken. Diese besteht im bestmöglichen Zusammenschluß zwischen der zentralen staatlichen Planung und Leitung der volkswirtschaftlich entscheidenden Grundfragen mit der eigenverantwortlichen und selbständigen Planung und Leitung des Reproduktionsprozesses in den Unternehmungen durch Ausarbeitung zweckmäßigster Systemverbindungen (Ganzes — Teil).

Die allgemeingültige kybernetische Bedingung, daß ein System um so stabiler ist, je selbständiger und reaktionsfähiger die Teilsysteme sind, ist die kybernetische Begründung für die Erhöhung der Eigenverantwortlichkeit der Betriebe und Betriebsvereinigungen im neuen ökonomischen

System. Die dialektische Wechselwirkung zwischen der Zentrale des Systems der sozialistischen Volkswirtschaft und den relativ selbständigen Teilsystemen besteht darin, daß die Stabilität des Gesamtsystems davon abhängt, daß die zentrale Führungsgröße die Grenzwerte des Verhaltens der Teilsysteme eindeutig bestimmt, d. h., daß über gesamtwirtschaftliche Prognose und Perspektivplan die übergreifenden Ziele des Gesamtsystems eindeutig bestimmt werden.

Das entscheidende Glied der Einzelprozesse und damit des Gesamtprozesses ist stets die materielle Produktion, d. h. der sozialistische Betrieb.

Die Wirtschaftspraxis und Forschungsarbeit im Bereich der Wirtschaftswissenschaften muß also vor allem davon ausgehen, daß in den entscheidenden Produktionseinheiten der sozialistischen Gesellschaft mit geringstmöglichem Aufwand höchstmöglicher Ertrag erzielt wird. Das erfordert, daß der Reproduktionsprozeß und vor allem die sozialistische Geschäftstätigkeit der sozialistischen Betriebe gezielter als bisher auf die Markterfordernisse, den Absatz im Inland, auf die Exporttätigkeit und insgesamt auf die Entwicklung hocheffektiver Außenwirtschaftsbeziehungen der DDR eingestellt werden. Die erhöhte Verantwortung und die größeren Rechte der Betriebe für die Entwicklung ihrer eigenen Geschäftspolitik ist dafür eine entscheidende Voraussetzung. Die Verwertung der Fonds der Betriebe mit dem Ziel eines betrieblichen und volkswirtschaftlich hohen Effektes der Arbeit wird unter den Bedingungen des arbeitsteiligen Systems der Volkswirtschaft und der Entwicklung der sozialistischen Warenproduktion nur gewährleistet, indem die Betriebe auf der Grundlage der wirtschaftlichen Rechnungsführung Geschäftsbeziehungen entwickeln, die für die produzierenden und abnehmenden Betriebe vorteilhaft sind; ökonomische Formen der Kooperationsbeziehungen der Betriebe untereinander, vertraglich fixierte ökonomisch effektive Absatzbeziehungen rücken damit in den Vordergrund der betriebswirtschaftlichen Überlegungen.

Den Maßstab für die Effektivität eines Teilsystems der Volkswirtschaft kennzeichnete Günter Mittag folgendermaßen: „Der Reproduktionsprozeß eines Betriebes und eines Industriezweiges wird dann am qualifiziertesten geleitet, wenn er maximal zu einem hohen Nutzeffekt des gesellschaftlichen Gesamtprozesses beiträgt.“[1]

Indem sie alle Vorzüge der sozialistischen Ordnung ausnutzt, beinhaltet die Lehre von der sozialistischen Wirtschaftsführung vor allem

[1] Günter Mittag, Zur Wirtschaftspolitik der SED in der Periode des umfassenden Aufbaus des Sozialismus in der DDR unter den Bedingungen der technischen Revolution, Berlin 1966, S. 40

- das System der Leitung der Volkswirtschaft und seine Entwicklung;
- die Prognostik und Planung als Führungsaufgabe;
- die planmäßige Ausnutzung des Systems ökonomischer Hebel, insbesondere die Finanzierung der Wirtschaftstätigkeit als Führungsaufgabe;
- die Organisation der Reproduktions- und Leitungsprozesse;
- das sozialistische Wirtschaftsrecht im Führungsprozeß;
- die Kontrolle der sozialistischen Wirtschaftstätigkeit als Führungsaufgabe;
- die aktive Funktion der sozialistischen Leiterpersönlichkeit, aller Werktätigen und sozialistischen Arbeitskollektive bei der Planung und Leitung der Wirtschaftstätigkeit.

Die Lehre von der sozialistischen Wirtschaftsführung ist keine isolierte Wissenschaft. Dabei subsumiert sie keineswegs solche Wissenschaften wie die Volkswirtschaftsplanung, sondern nutzt ihre Erkenntnisse entsprechend den Erfordernissen einer modernen Leitung. Sie fußt auf Erkenntnissen solcher Wissenschaften wie der Politischen Ökonomie, der Philosophie, der Volkswirtschaftsplanung, der Kybernetik, der Mathematik, der Rechtswissenschaft, der Soziologie u. a., um für ihre Fragestellungen und Antworten einen prinzipiellen Ausgangspunkt und allseitig notwendige Bezüge zu finden. Zugleich veranlassen ihre eigenen Erkenntnisse diese anderen Wissenschaften zu neuen, vor allem praktischen Fragestellungen und zum Nutzensdenken. Die Grundlagen und Prinzipien der Lehre von der sozialistischen Wirtschaftsführung sind durch praktische Arbeit, Studium und Erfahrungsaustausch erlernbar. Die Lehre von der sozialistischen Wirtschaftsführung wird deshalb in einem einheitlichen System der Aus- und Weiterbildung von Kadern der Wirtschaft vermittelt.

Marx hat die Rolle der Leitung aus der gesellschaftlichen Arbeitsteilung und Kooperation abgeleitet. Er verglich den Leiter u. a. mit einem Dirigenten. Ich habe an dieses Zitat von Marx bewußt erinnert, weil es die Rolle der Leitung im gesellschaftlichen Reproduktionsprozeß charakterisiert. Ausgehend von der Stellung des Leiters als Teil des gesellschaftlichen Gesamtarbeiters, verstehen wir unter Leitung die Gesamtheit der Koordinierungsfunktionen, die sich aus der gesellschaftlichen Arbeitsteilung ergeben und die das Ziel beinhalten, den volkswirtschaftlichen Reproduktionsprozeß und den Reproduktionsprozeß der Teilsysteme planmäßig, rationell und effektiv durchzuführen. Ohne daß wir schon sehr genau differenzieren können, wir entscheiden oft gefühlsmäßig, kann man aber doch schon so weit verallgemeinern, daß nicht jede Leitungstätigkeit Führungstätigkeit ist. Führungstätigkeit ist — im Sozialismus natürlich stets im Zusammenwirken mit den Werktätigen — entscheidende Tätigkeit zur Steuerung eines

Führungsbereiches, also eines Betriebes, einer VVB, eines Ministeriums usw. Sie basiert auf den rechtlichen, wirtschaftlichen, technischen und sozialen Bedingungen der Führungsebene. Damit ist klar, daß Führungstätigkeit geistige Arbeit mit besonderer Verantwortung für den Verlauf des Reproduktionsprozesses ist. Jede sinnvolle Entscheidung eines Führungskaders erfordert geistiges Tätigwerden in bezug auf das Für und Wider, im Abwägen und Vergleichen von Erfahrungen und gehegten Erwartungen, ein objektives Beurteilen von Tatsachen, ein Analysieren von Informationen mit dem Ziel: mit geringstmöglichem Aufwand den höchstmöglichen Erfolg zu erzielen.

Wir können also etwa sagen, daß wir unter Führung den Teil der Leitung verstehen, der vor allem durch Planung und Durchführung strategischer Entscheidungen, seinen komplexen Charakter und die Art seiner Wirkung auf Teilsysteme charakterisiert ist. Unsere Führungskader müssen — ausgehend von ihrer Rolle im Führungsprozeß — wissen, daß von der Qualität ihrer Arbeit in entscheidendem Maße die Effektivität des Wirtschaftens abhängt. Das Ausstatten mit Entscheidungsmöglichkeiten und das Wahrnehmen dieser Möglichkeiten zeigt sich uns immer wieder als Problem. Analysen und Gespräche zeigen uns, daß Ursachen vieler Mängel in der Grundeinstellung zur Führung von VVB usw., aus Fehleinschätzungen der Erfordernisse der wissenschaftlich-technischen Revolution für den Sozialismus herrühren. Für die Führungskräfte der Industrie ist es funktionsnotwendig, das Wesen der Entwicklung der Produktivkräfte zu verstehen, um daraus die richtigen Konsequenzen für die eigene Arbeit zu ziehen. Es darf kein Verzögerungselement, kein time lag, zwischen dem Niveau in den Kenntnissen und den Erfordernissen der Wirtschaft entstehen. Alles dies weist uns mit Nachdruck darauf hin, daß praktische Erfahrungen zwar wichtig sind, aber nicht ausreichen.

Leider haben wir noch wenig analytisches Material über die Ursachen der Ergebnisse erfolgreicher Führungskader, das der Verallgemeinerung standhält. Es gibt aber Hinweise dafür, wo Ursachen für Hemmnisse sind:

1. Es gibt Unklarheiten über den Inhalt der Führungsfunktion. Äußeres Merkmal: Zu viel Kleinarbeit, zu viel Verwechslung mit zu delegierender Leitungstätigkeit und operativer Ausführung. Erscheinung: Hetze in Tagesfragen — Folge: Ungenügende perspektivische und strategische sowie taktische Arbeit im Sinne der Konzipierung des Weges. Die Führung muß Zeit und Sorgfalt auf die Tätigkeit des realen Planens verwenden, um andererseits gerade dadurch die Möglichkeit zu haben, die täglich anfallenden und sich wiederholenden Aufgaben des Durchführens von Entscheidungen an nachgeordnete Leitungsinstanzen zu delegieren.

2. Es kommt zur Überbewertung der Intuition, der glücklichen Hand, oft verbunden mit Rechthaben. Die Verwaltung des Nationalvermögens in den Dimensionen verbietet routinemäßige Intuition als Prinzip. Jeder wird bestätigen, daß er immer mehr zu gründlichen Überlegungen, Analysen gezwungen wird.
3. Es gibt falsche Einschätzungen der Erfahrungen. Natürlich braucht man als Führungskader Erfahrung zum Erfassen des Wesentlichen und diese Seite ist ohne Zweifel nicht einfach lehr- und erlernbar. So, wie aber die rationalen, systematischen, logischen Grundlagen der Naturwissenschaft und ihre Beherrschung, gepaart mit Erfahrung, den tüchtigen Arzt ausmachen, so ist es dies auch bei Führungstätigkeit in der Wirtschaft, und dieser Qualifikationsfaktor ist auch erlernbar. Der Wert der Erfahrung wird keineswegs unterschätzt. Doch wird die praktische Erfahrung nur in Verbindung mit der größeren, objektivierten Erfahrung der wissenschaftlichen Verallgemeinerung ihren Zweck erfüllen. Damit aber ist auch gesagt, daß das System der Aus- und Weiterbildung von Führungskadern eine objektive Notwendigkeit ist.

Die Theorie der sozialistischen Wirtschaftsführung ist keine isolierte Wissenschaft. Sie verarbeitet, wie das für alle Zwischendisziplinen typisch ist, wesentliche Erkenntnisse anderer wissenschaftlicher Disziplinen.

Hervorzuheben ist hier vor allem die *marxistisch-leninistische Philosophie.* Die philosophischen Wissenszweige entwickeln die Fähigkeit des rationellen Denkens, der korrekten Analyse von Situationen und der klaren Auffassung der Struktur von Mittel und Zweck. Sie geben dem menschlichen Verstand ein wissenschaftliches Weltbild. Dies ist unentbehrlich für eine Gesellschaft, die zum Beherrscher der Natur wird und bewußter Gestalter ihres eigenen historischen Schicksals ist. Die Transformierung der gesellschaftlichen Entwicklung aus einem spontanen historischen Prozeß in einen von Ausbeutung freien, bewußten und zielstrebigen, von Menschen gelenkten Prozeß ist der Angelpunkt des wissenschaftlichen Sozialismus. Im Erreichen dieser Transformation liegt die historische Bedeutung des Sozialismus als Gesellschaftsordnung.

Von besonderer Bedeutung für die sozialistische Wirtschaftsführung sind aus dem philosophischen Bereich die Objekt-Subjekt-Dialektik, die philosophischen Erkenntnisse wissenschaftlicher Voraussicht und die philosophischen Probleme der Kybernetik.

Die Theorie der sozialistischen Wirtschaftsführung hat vor allem Quellen in der *Politischen Ökonomie des Sozialismus.* Wir können hier nicht die ganze Politische Ökonomie des Sozialismus wiederholen. Fest steht aber, daß die

Kenntnis ihrer Gesetze und Entwicklungsprozesse außerordentlich große praktische Bedeutung für sozialistische Führungskader hat. Dies gilt sowohl in ideologischer Hinsicht als auch vom Standpunkt der Orientierung auf den höchsten Nutzeffekt.

Die Politische Ökonomie des Sozialismus verallgemeinert unter unseren Gegebenheiten des umfassenden Aufbaus des Sozialismus prinzipiell die Wirkungsweise ökonomischer Gesetze des Sozialismus unter den Bedingungen der wissenschaftlich-technischen Revolution.

Ich möchte besonders am Beispiel der komplexen Rationalisierung zeigen, wie bedeutungsvoll es für Leitungskader ist, sich mit der Politischen Ökonomie und ihren neuen Erkenntnissen zu beschäftigen, da sie das feste Fundament der Theorie der sozialistischen Wirtschaftsführung ist.

Ziel der sozialistischen Wirtschaftsführung ist es, ein langfristiges reales Wirtschaftswachstum zu sichern. Wir haben gesehen, daß das Kriterium dafür der höchstmögliche Zuwachs an Nationaleinkommen ist. Sache der Politischen Ökonomie ist es dabei, die prinzipiellen Wege zur Erreichung dieses Effektivitätsmerkmals der sozialistischen Wirtschaft zu zeigen. Dabei handelt es sich um eine Aufgabe, die für die Orientierung der Führungskräfte von allergrößter Bedeutung ist.[1]

Es ist eben nicht gleichgültig, ob man die sozialistische Rationalisierung nur aus der Enge der Kleinmechanisierung sieht oder ob man sie, wie das in unserer gegenwärtigen Situation unerläßlich ist, als einen prinzipiellen Vorgang zur Verbesserung des Wirtschaftens betrachtet. So gesehen, geht es bei der sozialistischen Rationalisierung heute primär um nichts Geringeres, als um die systematische und planmäßige Umwälzung sowie Weiterentwicklung des gesellschaftlichen Produktionsapparates entsprechend den Erfordernissen der wissenschaftlich-technischen Revolution, den Absatzanforderungen und der damit verbundenen Vervollkommnung der Organisation des Reproduktionsprozesses.

Ich möchte dazu nochmals kurz ein Problem darstellen, das in diesem Zusammenhang auf der Rationalisierungskonferenz hervorgehoben wurde. Dort wurde das gesamte Investitionsproblem unter dem Blickwinkel der Rationalisierung neu untersucht und herausgearbeitet, daß die Investitionspolitik unter unseren konkreten Bedingungen eben nicht in erster Linie darauf gerichtet sein kann, zusätzliche Arbeitsplätze zu schaffen, sondern daß sie vielmehr durch höhere Leistungsfähigkeit der Anlagen und Ag-

[1] Vgl. hierzu: Sozialistische Rationalisierung und Standardisierung, (Konferenzmaterialien), Berlin 1966

gregate eine weitere Intensivierung der Reproduktion gewährleisten muß. Anders zu verfahren würde unter unseren konkreten Bedingungen bedeuten, die ohnehin ungünstige Altersstruktur unserer Produktionsfonds weiter zu verschlechtern, das Arbeitskräfteproblem zu verschärfen und mit einem zu hohen Anteil veralteter Fonds teuer zu produzieren. Diese Zusammenhänge verdeutlichen, daß es um volkswirtschaftliche Probleme geht, deren Lösung hohes politisches Verantwortungsbewußtsein und volkswirtschaftliches Denken erfordert. Dabei sind für uns die Ausführungen von Karl Marx über den Reproduktionsprozeß von besonderem Interesse. Karl Marx hat bekanntlich unter extensiver Reproduktion die Ausdehnung des Produktionsfeldes auf gleichem technischen Niveau und unter intensiver Reproduktion die Erhöhung der Wirksamkeit der Produktionsmittel verstanden. Natürlich kann man im praktischen Wirtschaftsleben extensive und intensive Reproduktion nicht schematisch gegenüberstellen. Das wäre grundfalsch. Wir werden immer beides machen müssen, zumal die technische Revolution die Entstehung neuer Zweige bedingt. Aber wir sollten uns stets dessen bewußt sein, extensive Reproduktion verlangt in jedem Falle mehr Arbeitskräfte, intensive Reproduktion, — also Erhöhung der Wirksamkeit der Produktionsmittel —, ermöglicht es, Arbeitskräfte planmäßig für andere Tätigkeit freizusetzen bzw. die Produktionsfonds besser auszunutzen, um so zu einer höheren Produktivität je Beschäftigten zu kommen.

Die Vorteile der intensiven erweiterten Reproduktion, die durch die komplexe sozialistische Rationalisierung vorrangig betrieben wird, bestehen unter anderem darin, daß die lebendige Arbeit infolge der Ökonomisierung der eingesetzten vergegenständlichten Arbeit effektiver genutzt wird und daß durch höhere Orientierung auf den technischen Fortschritt auch der Akkumulationsfonds mit größerem Nutzen eingesetzt werden kann. Damit ist aber auch klar, daß es keine schematische Gegenüberstellung von technischer Revolution und Rationalisierung geben darf. Walter Ulbricht brachte in seiner Rede auf der Rationalisierungskonferenz zum Ausdruck, daß der Inhalt der komplexen Rationalisierung weitgehend von den Aufgaben der Verwirklichung der für die DDR günstigsten Variante der technischen Revolution bestimmt wird. Schlagen wir den Bogen zur Wirtschaftsführung, so ist klar, daß es ein enormer Unterschied ist, ob die Führungskader der sozialistischen Wirtschaft die Wachstumsvorstellungen ihres Zweiges vorwiegend auf Mehrforderungen nach Neubauinvestitionen und mehr Arbeitskräften aufbauen oder auf der intensiven Reproduktion mittels der komplexen sozialistischen Rationalisierung.

Die Bedeutung der planmäßigen Umwälzung des Produktionsapparates und seiner Weiterentwicklung haben wir eben behandelt. Für die sozialistische Wirtschaftsführung ist besonders wichtig auch der Hinweis auf die Vervollkommnung der Organisation des Reproduktionsprozesses. Hier ist ein wesentliches Betätigungsfeld der Politischen Ökonomie, das uns hohen Nutzen bringen kann. Karl Marx hat einen erheblichen Teil des I. Bandes des „Kapitals" den Fragen der rationellen Wirtschaftsorganisation im Zusammenhang mit der Entwicklung der Produktivkräfte und der Vertiefung der Arbeitsteilung gewidmet. Erinnert sei hier nur an seine Ausführungen über Kooperation, Manufaktur und große Maschinerie. Organisation des Reproduktionsprozesses in diesem Sinne ist zweckmäßigste Formierung der sachlichen und persönlichen Produktionsbedingungen, um mit geringstmöglichem Aufwand den höchstmöglichen Ertrag zu erzielen. Es ist bekannt, daß im Zusammenhang mit der Verwirklichung der technischen Revolution zahlreiche Probleme wirtschaftsorganisatorischer Art in unserer Wirtschaft stehen, die zu den wichtigsten Führungsaufgaben gehören. Dazu gehören solche Fragen wie die effektivsten Kooperationsbeziehungen zwischen Finalproduzenten und Zulieferern, die Frage nach der besten Organisation von Reproduktionskomplexen genauso wie die sinnvollste Organisation des Reproduktionsprozesses von Forschung und Entwicklung bis zum Absatz der Erzeugnisse.

Ich wollte mit diesem Beispiel zeigen, daß die richtige politökonomische Fragestellung, das richtige Herausarbeiten der wesentlichsten und konkreten Zusammenhänge gesellschaftlicher Entwicklungsprozesse, die konkreten Bedingungen der Wirkung ökonomischer Gesetze von außerordentlich großer Bedeutung für die sozialistische Wirtschaftsführung sind.

Hauptkettenglied zur Erzielung höchstmöglicher volkswirtschaftlicher Effektivität ist die Entwicklung und Qualifizierung des Systems der Volkswirtschaftsplanung, wie Walter Ulbricht auf dem 11. Plenum des ZK der SED herausgearbeitet hat. *Die Theorie der Volkswirtschaftsplanung* ist ebenfalls eine wesentliche Grundlage der sozialistischen Wirtschaftsführung. Die Planung ist bekanntlich ein objektiv notwendiger Vorgang im Sozialismus. Ihr Ziel ist der günstigste Vollzug des gesellschaftlichen Reproduktionsprozesses im Sozialismus im Interesse der Werktätigen. Die Planung stellt an den subjektiven Faktor hohe Anforderungen. Ihre Qualität ist selbst bedeutsamer Wachstumsfaktor. In der Periode vor dem neuen ökonomischen System, als vorwiegend extensiv investiert wurde, war die Planung vor allem auf die innere Konsistenz, also auf relativ einfache Fragen der Proportionierung orientiert, so z. B. eben darauf, daß eine Erhöhung der Stahlproduktion eine entsprechende Erhöhung der Kohleförderung, der Eisengewinnung bzw. entsprechende Importe erforderlich machte, daß eine Erhöhung der Lohnfonds eine entsprechende Zunahme des Angebots von

Konsumgütern erfordert oder, daß eine Steigerung der Investitionen eine entsprechende Zunahme materiell verfügbarer Produktionsmittel erfordert. Die Bilanzierung war relativ einfach, die Wirtschaftsdynamik noch nicht allzu kompliziert. Die technische Revolution stellt qualitativ höhere Anforderungen an das Planungssystem und erfordert von der Theorie der Volkswirtschaftsplanung dazu praktikable Lösungen. Im Mittelpunkt steht die Frage nach der Effektivität der Planung. Die Frage nach der Sicherung eines langfristigen realen Nationaleinkommenszuwachses als volkswirtschaftliches Optimalitätskriterium wirft die Problematik der Bestimmung der günstigsten real möglichen Volkswirtschaftsstruktur auf. Die Zwei-Phasen-Planung z. B., die zum Teil in ihrem Sinn bis heute noch nicht verstanden wurde, stellt Fragen der Prognostik im Zusammenhang mit der Perspektivplanung nicht zufällig in den Mittelpunkt, sondern als strategisches Mittel im ökonomischen Wettbewerb. Strategische Führungstätigkeit in der Wirtschaft ohne Prognostik ist undenkbar, aber die Mittel seitens der Theorie dazu sind noch unzulänglich.

Die Verwirklichung der Aufgabenstellung auf ökonomischem Gebiet zur Vollendung des Sozialismus in der DDR unter den Bedingungen der wissenschaftlich-technischen Revolution erfordert weitvorausschauende Überlegungen und Entscheidungen zur Sicherung der möglichen und notwendigen volkswirtschaftlichen Effekte.

Das Ziel dieses Entscheidungsprozesses ist der bilanzierte Plan, der bei Minimierung des Aufwandes zur Maximierung des Ertrages führt und die Interessen der Gesellschaft in ihrer optimalen Gestalt zum Ausdruck bringt.

In diesem Führungsprozeß müssen die Optimalitätskriterien für jedes Teilsystem so differenziert festgelegt werden, daß die Erfüllung der optimalen Pläne dieser Teilsysteme den maximalen langfristig stabilen Nationaleinkommenszuwachs im Interesse der Entwicklung der sozialistischen Gesellschaft gewährleistet.

Daraus ergibt sich, daß analytisch-prognostische Tätigkeit und Planung die entscheidenden Führungsaufgaben der sozialistischen Leiter auf allen Ebenen und in allen Bereichen der Volkswirtschaft sind.

Die analytisch-prognostische Arbeit ist vom Standpunkt der Bestimmung der Strategie und Taktik bei der Entwicklung der Volkswirtschaft und ihrer Teilsysteme unerläßlich im Prozeß der Entscheidungsfindung der Werkleiter, Generaldirektoren, Minister und anderer zentraler Führungskräfte. Sie ist als permanente Tätigkeit mit dem Ziel abrufbarer Teilergebnisse anzulegen.

Die Wirtschaftsprognose wird wesentlich von der Prognose der gesellschaftlich-politischen Entwicklung bestimmt, wirkt aktiv auf sie zurück und ist von großer politischer Bedeutung.

Die Lehre von der sozialistischen Wirtschaftsführung behandelt das System der Prognosen unter Berücksichtigung der Spezifik eines jeden Führungsbereiches sowie die Kette von analytisch-prognostischer Tätigkeit und der zielstrebigen Verwertung ihrer Ergebnisse in perspektivischen, mittel- und kurzfristigen Plänen. Die Prognose ist die wichtigste Voraussetzung dafür, daß im Prozeß der Entscheidungsfindung unter Berücksichtigung der Hauptentwicklungsrichtung von Wissenschaft und Technik sowie der Schaffung der günstigsten volkswirtschaftlichen Struktur die optimale Variante der volkswirtschaftlichen, zweiglichen, territorialen und betrieblichen Entwicklung erarbeitet und im Plan fixiert werden kann. Das Kernproblem der Wirtschaftsprognose als Instrument der Führung besteht in der Vorbereitung künftiger optimaler volkswirtschaftlicher, zweiglicher, territorialer und betrieblicher Entscheidungen sowie der Bestimmung ihres günstigen Zeitpunktes. Das schließt komplexe Strukturforschung einschließlich Analyse und Herausarbeitung der effektivsten Wachstumsfaktoren ein.

Im einzelnen erhält die Prognostik im System der Lehre der sozialistischen Wirtschaftsführung deshalb ein so großes Gewicht, weil durch die Prognose folgendes möglich und notwendig ist:

- Ermittlung und Fixierung der strategischen Wachstumspolitik des jeweiligen Führungsbereiches (Bestimmung der Ziele, Orientierung auf gangbare Wege und Einschätzung der Mittel),
- ökonomische Begründung des Perspektivplanes,
- rechtzeitige Formierung der Kräfte auf künftige Effektivität,
- rechtzeitige Anpassung des Führungsbereiches an sich verändernde Bedingungen, u. a. der Marktbedingungen,
- Bestimmung günstigster Zeitpunkte für Beginn und Beendigung komplexer Maßnahmen,
- Vorbereitung und Ausbildung der Kader,
- Schaffung eines Systems von Perspektiven für das Denken und Handeln der Werktätigen und
- Vervollkommnung der sozialistischen Demokratie.

Die Lehre von der sozialistischen Wirtschaftsführung bestimmt die Rolle des Planes als dem entscheidenden Führungsinstrument und die sich daraus ergebenden grundlegenden Anforderungen an Charakter, Inhalt und Methoden der Planung. In diesem Zusammenhang arbeitet sie die inhaltlichen Grundfragen und Hauptrichtungen der Vervollkommnung der Planung der Volkswirtschaft und ihrer Teilsysteme sowie die Grundzüge des Funktionsmechanismus des Planungsprozesses aus.

Dabei geht es in erster Linie um die leitungsseitig interessierenden inhaltlichen Fragen der intensiv erweiterten Reproduktion, um komplexe, kontinuierliche Planung in den Betrieben und ihren Verbänden. Im Mittelpunkt stehen die planerische Bewältigung der Hauptkettenglieder des Reproduktionsprozesses, wie Forschung und Entwicklung, Produktion und Absatz, sowie die Kooperation.

Die Planung ist zu durchdringen von dem Bestreben nach Rationalität. Das erfordert die Anwendung der Erkenntnisse der System- und Operationsforschung, der Programmierung usw. Die sozialistische Wirtschaftsführung vertieft auf diese Weise die Einsichten in die Wirkung ökonomischer Gesetze und ermöglicht, vor allem durch Verbesserung des Planungssystems und der Instrumente, ihre qualifiziertere Ausnutzung. Indem wir schrittweise moderne Mittel und Methoden in den Prozeß der Bestimmung, Realisierung und Abrechnung optimaler Pläne einführen (z. B. die Anwendung ökonomisch-mathematischer Modelle, einschließlich der Verflechtungsbilanzierung und der Netzwerkplanung, die Nutzung kybernetischer Erkenntnisse, die Einführung elektronischer Datenverarbeitung), erhalten wir zusehends die Möglichkeit, die Planung zu objektivieren und sie der Dynamik der Wirtschaft in unserer Zeit anzupassen.

Ein Kernproblem ist die Einführung der elektronischen Datenverarbeitung, die die Möglichkeit dynamischer Planung und Rationalisierung der gesamten Wirtschaftstätigkeit der Betriebe und Betriebsvereinigungen bietet und damit vor allem der Senkung der Selbstkosten dient.

Die Konzipierung der Bedingungen für den Einsatz sowie der effektivsten Anwendung der elektronischen Datenverarbeitung entsprechend den differenzierten Reproduktionsbedingungen ist eine wesentliche Aufgabe der Lehre von der sozialistischen Wirtschaftsführung. Sie durchdringt alle Bereiche der Führung: die Prognostik und Planung, Finanzierung, Organisation und Kontrolle und führt zu einer neuen, weit höheren Qualität des Entscheidungsprozesses und des damit verbundenen Nutzeffektes. Das Niveau der Prognostik und Planung entwickelt sich zunehmend zu einem effektivitätsbildenden Faktor.

Jedem sozialistischen Leiter muß klar sein, daß moderne Methoden der Planung ohne *Datenverarbeitung* und ohne Anwendung mathematischer Verfahren auf die Dauer undenkbar sind, daß er eine große Verantwortung für ihre Vorbereitung hat — sowohl organisatorisch als auch kadermäßig. Die technische Revolution erfordert nicht nur moderne Methoden der Volkswirtschaftsplanung, sondern ermöglicht sie auch. Wir sehen hier, wie die Entwicklung der Technik nicht nur die Produktivkräfte beeinflußt, sondern auch eine qualitative Verbesserung der Planung und Leitung zur Folge hat. Die SED hat in ihrem Programm zur Bedeutung der Optimierungsrechnung, zur Verflechtungsbilanzierung und zur elektronischen Datenverarbeitung

Stellung genommen. Der Beschluß des Ministerrates zur einheitlichen Leitung der Datenverarbeitung muß von jedem Führungskader außerordentlich ernst genommen werden. Aufgabe der Theorie der Volkswirtschaftsplanung aber muß es sein, den Führungskadern praktikale Methoden zur Planoptimierung, zur Kooperationsbilanzierung, kurzum zur Beherrschung der Anforderungen der technischen Revolution in die Hand zu geben. Es ist unmöglich, die komplizierten ökonomischen Prozesse ohne geeignete Kommunikations- und Informationsmittel erfolgreich zu führen. Dabei kommt der Ausarbeitung der Forderungen an die technischen Führungsmittel große Bedeutung zu. Die wichtigste Rolle spielen die technischen Hilfsmittel beim Sammeln und Bearbeiten von Informationen über die ökonomischen Fragen, beim Durchführen komplizierter operativer Berechnungen in kurzer Zeit, beim Formulieren der Entscheidung des Leiters und bei der Delegation der Aufgaben. Es ist kein Zufall unter den Bedingungen des gegenwärtigen Standes der Produktivkräfte, daß man der Vervollkommnung der vorhandenen und dem Schaffen prinzipiell neuer technischer Führungsmittel, besonders der elektronischen Datenverarbeitung, in allen modernen Industriestaaten gegenwärtig eine so große Aufmerksamkeit widmet. Es gibt dabei über die Rolle der technischen Führungsmittel hier und da auch falsche Auffassungen dergestalt, als ob sie die Führung ersetzen könnten, das Denken und Handeln — etwa der Generaldirektoren und ihrer Stäbe — überflüssig machen könnten.

Der Nutzen der Datenverarbeitung muß in erster Linie gemessen werden am Erfolg der Geschäftstätigkeit des ökonomischen Führungsbereiches. Gegenwärtig ist bei uns folgende Lage: Wir werden bis 1970 etwa 190 Datenverarbeitungsanlagen vom Typ R 300 installieren. Daneben sind es eine Reihe Großrechen- und schließlich viele Kleinrechenanlagen.

Demgegenüber besteht ein Verzug in der Einsatzvorbereitung. Wenn auf diesem Gebiet nicht mit enormen Anstrengungen gearbeitet wird, ist mit hohen volkswirtschaftlichen Verlusten zu rechnen. Es sei hier noch vermerkt, daß die Geisteshaltung der Führungskader zur Datenverarbeitung sehr ausschlaggebend für das Tempo von Fortschritten auf diesem Gebiet ist.

Ich möchte in diesem Zusammenhang zu einigen Fragen der Ausnutzung der *Kybernetik* für die rationelle Gestaltung der sozialistischen Wirtschaftsführung kommen.

Wir betrachten die Kybernetik als Theorie der dynamischen, selbstregulierenden und selbstorganisierenden Systeme weder als eine Universalwissenschaft noch als eine Modeerscheinung. Werden die richtigen gesellschaftlich-ökonomischen Prämissen ihrer Anwendung gesetzt und eingehalten, erweist sich die Kybernetik als ein sehr nützliches Instrument der sozialistischen Wirtschaftsführung. Wie die Entwicklung zeigt, liegen die Hauptanwendungsgebiete der Kybernetik für die sozialistische Wirtschaftsführung gegenwärtig vor allem im Bereich der ökonomisch-mathematischen Modellierung und in der rationellsten Gestaltung von ökonomischen Informationsströmen im Prozeß der Planung und Leitung.[1]

Es zeichnet sich jedoch bereits heute ab, daß die Kybernetik eine immer größere Rolle bei der Konstruktion des Gesamtsystems der Planung und Leitung der sozialistischen Volkswirtschaft überhaupt spielen wird.[2]

Beispiele für den Platz, den die Kybernetik im System der sozialistischen Wirtschaftsführung einnehmen kann, sind viele Schritte, die wir bei Anlage und Vervollkommnung des neuen ökonomischen Systems der Planung und Leitung gegangen sind und gehen.

So sind die durch das 11. Plenum eingeleiteten Maßnahmen zur Qualifizierung des Planungssystems dahingehend interpretierbar, daß sie eine konkrete Ausnutzung bestimmter Erkenntnisse der Kybernetik hinsichtlich der Beherrschung sogenannter ‚großer Systeme' darstellen. Sozialistische Wirtschaftssysteme als Gesamterscheinung entsprechen dem ‚großen System' der Kybernetik. Auf Grund der Kompliziertheit des ‚großen Systems' ist es „von vornherein illusorisch . . ., das System dadurch beherrschen zu wollen, daß man seine sämtlichen Teilsysteme erfaßt und das Gesamtverhalten des Systems aus der Kenntnis aller Einzelelemente und der Art und Weise erklärt, wie sie aufeinander wirken."[3]

Die Stabilität des Gesamtsystems sozialistische Volkswirtschaft wird deshalb wesentlich durch den Grad der relativen Selbständigkeit der Teilsysteme VVB und Betrieb im Rahmen einer durch das gesellschaftliche Eigentum an den Produktionsmitteln objektiv erforderlichen Stufenregelung bestimmt. Aus kybernetischer Sicht zeigt sich das Neue des Planungssystems in der zweiten Etappe der Durchführung des neuen ökonomischen Systems vor allem darin, daß die übergeordneten Regler (Leitungsorgane) nur noch bedingt in die „Stellbefehle" der nachgeordneten

[1] Vgl. auch Kitow, Die Kybernetik und die Leitung der Volkswirtschaft, in: Sowjetwissenschaft, Ges. Beiträge 10/1962, S. 1151

[2] Siehe in diesem Zusammenhang zum Beispiel auch Salecker, Probleme der Bestimmung möglicher bzw. zu fordernder Entwicklungstempi von Arbeitsproduktivität und Selbstkostensenkung sozialistischer Industriebetriebe — Untersuchungen zur Ermittlung der Führungsgröße Plangewinn aus der Sicht kybernetischer Interpretation des Leitungsprozesses — Dissertation 1965, Technische Hochschule Ilmenau, S. 9—41

[3] Klaus, Kybernetik und Gesellschaft, Berlin 1964, S. 254

Regler (Leitungsorgane) eingreifen und ihren Einfluß auf das Gesamtverhalten des nachgeordneten Teilsystems (VVB, VEB) im wesentlichen über die Abstimmung der Führungsgrößen des Teilsystems mit den Führungsgrößen des übergeordneten und damit letztlich des Gesamtsystems ausüben.

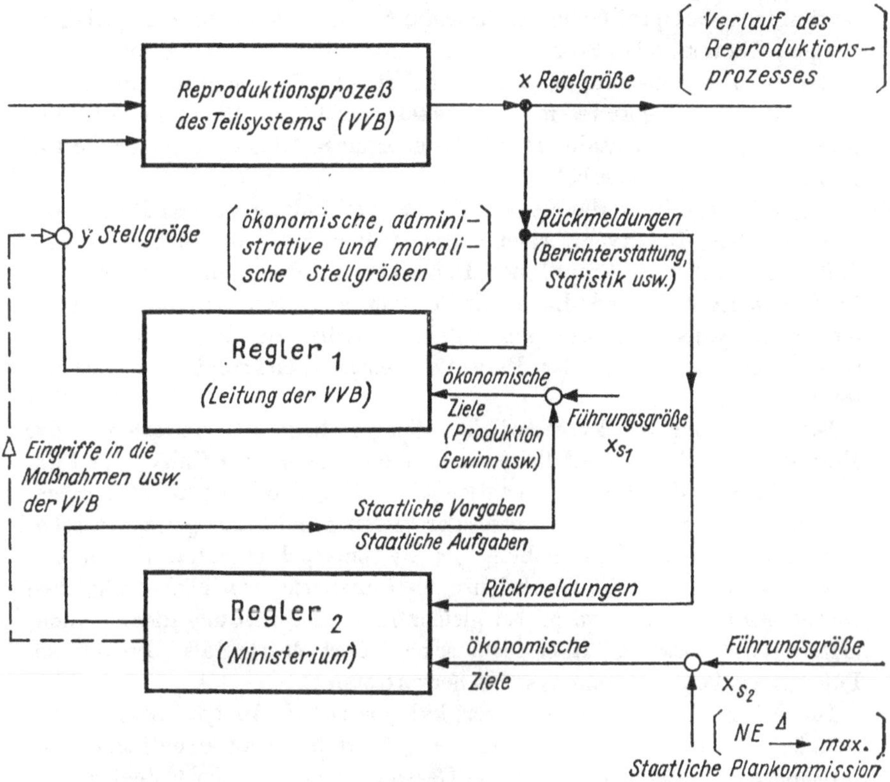

Abb. 1

Planvorgabe, Planprojekt, Planverteidigung und staatliche Aufgabe sind, so gesehen, die zeitlichen Stufen eines Prozesses der Ermittlung und Fixierung von Führungsgrößen ökonomischer Teilsysteme, die im Rahmen der durch die Gesamtziele des ‚großen Systems' gesetzten Grenzwerte als selbstregulierende dynamische Systeme hoher wirtschaftlicher Selbständigkeit und Eigenverantwortung in Erscheinung treten.

Die Bedeutung der kybernetischen Analyse dieser Vorgänge liegt für die Theorie und Praxis der sozialistischen Wirtschaftsführung nur bedingt in der nachträglichen Umsetzung verbal bereits beschriebener und ökonomisch begründeter Zusammenhänge in einen neuen, den kybernetischen Begriffsapparat mit seinen spezifischen Darstellungsweisen. Die konstruktive Seite der kybernetischen Analyse beginnt vielmehr bei der Hervorhebung der Notwendigkeit, den objektiven Bedingungen der Führungsgrößenbestimmung entsprechende Entscheidungs- und Verantwortungsabgrenzungen, ökonomische Stimulationen, Informationsströme (Informationssysteme) zu organisieren, deren Kompliziertheit sofort sichtbar wird, sobald die Analyse ein konkretes materiell-gesellschaftliches Objekt in Form der realen Vorgänge innerhalb einer VVB oder eines Ministeriums für die Gesamtheit der Betriebe erhält.

Zugleich wird durch die Kybernetik die Verbindung zu den Fragen der elektronischen Datenverarbeitung unmittelbar aus der Sicht der Einflußnahme auf den Prozeß der Reproduktion durch die Planung und Leitung hergestellt und die latente Gefahr ausgeschaltet, daß überholte innere oder äußere Informationssysteme einseitig aus dem Gesichtspunkt einer ‚Automatisierung der Verwaltungsarbeit' elektronisch zementiert werden.

Die Bedeutung der kybernetischen Analyse liegt hier weiterhin in der Hervorhebung der Fragestellung nach dem ökonomischen Inhalt der Führungsgrößen. Dabei läßt die zuletzt genannte Frage bei einer kybernetischen Interpretation des Gesamtprozesses der Planung und Leitung sozialistischer Reproduktion und Hervorhebung des Systemaspektes sozialistischer Reproduktionsvorgänge im Funktionsmodell eindeutig den höchstmöglichen Nationaleinkommenszuwachs bei gleichzeitiger Ausnutzung aller Möglichkeiten des wissenschaftlich-technischen Fortschritts als dynamische Führungsgröße des Gesamtsystems hervortreten.

Die Möglichkeiten konstruktiver kybernetischer Analyse beschränken sich jedoch keinesfalls auf die hier angeführten Beispiele optimaler Gestaltung der Beziehungen zwischen Gesamtsystem und Teilsystemen oder die Heraushebung der positiven Rückwirkung der sozialistischen Reproduktion als zentraler Frage ökonomisch effektiver Wirtschaftsführung einschließlich der sich daraus ergebenden Konsequenzen für unsere Stellung zu Forschung und Konsumtion.

Wir müssen unseren Blick zielstrebig darauf richten, die Erkenntnisse und Möglichkeiten der konstruktiven kybernetischen Analyse in allen Bereichen der Lehre von der sozialistischen Wirtschaftsführung wirksam werden zu lassen. Zweifellos stehen wir hier erst am Beginn einer systematischen Ermittlung der Gesamtheit der Möglichkeiten der Kybernetik für die rationelle Gestaltung der sozialistischen Wirtschaftsführung.

Die hier demonstrierte Stufe der kybernetischen Betrachtungsweise mit Hilfe von Blockbilddarstellungen kann dabei nur als erster Schritt auf dem Wege zur letztlich angestrebten mathematischen Modellierung der Regelvorgänge in sozialistischen Wirtschaftssystemen angesehen werden.

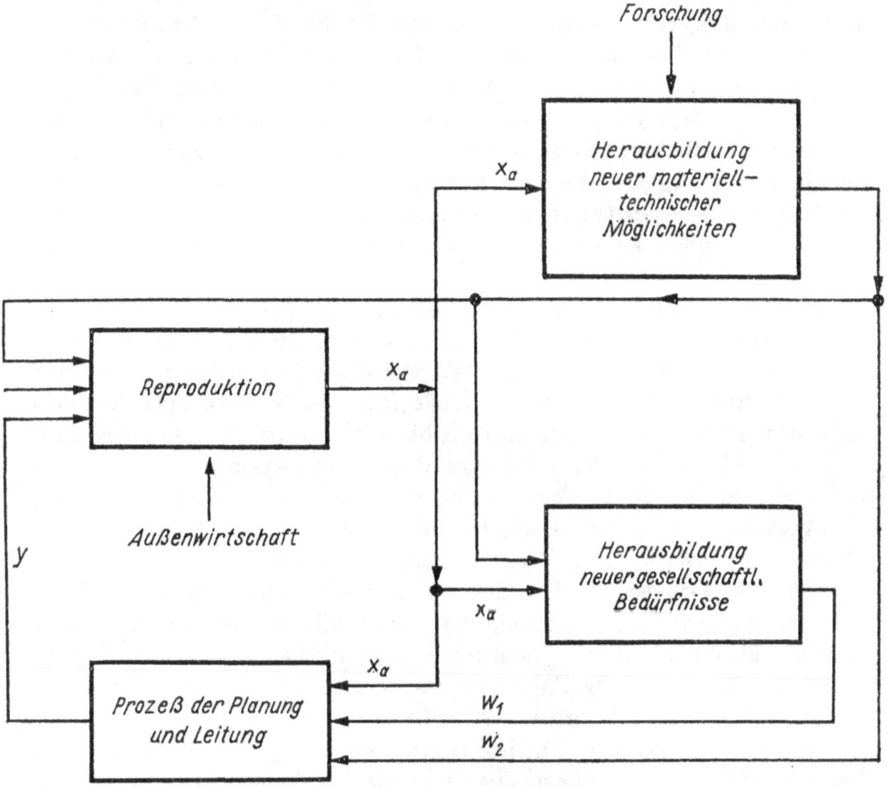

Abb. 2

Es zeichnet sich ab, daß wir mit Hilfe des Begriffsapparates und der letztlich zum mathematischen Modell führenden Methoden der Kybernetik nicht nur zu einer immer besseren Beherrschung der inhaltlichen und methodischen Probleme sozialistischer Planungstätigkeit kommen werden, sondern ebenso zu neuen Erkenntnissen über Gesetzmäßigkeiten der Strukturierung und Organisation von Produktions- und Leitungsprozessen.

Ein weites, noch unabgestecktes Feld möglicher Nutzung der Kybernetik liegt im Bereich der systematischen Erforschung der für die Gesetzmäßigkeiten sozialistischer Menschenführung bedeutsamen Kommunikationsvorgänge im sozialistischen Kollektiv. Die gegenwärtig wichtigste Aufgabe der Wirtschaftswissenschaftler dürfte darin bestehen, die richtigen, aus der Dynamik des Reproduktionsprozesses sozialistischer Wirtschaftssysteme abgeleiteten Ansatzpunkte, Prämissen und Aufgabenstellungen für die konstruktive kybernetische Analyse aus der Sicht des Anwenders der Kybernetik zu formulieren. Das erfordert jedoch, daß die wesentlichen Aspekte der Kybernetik (Systemaspekt, Regelaspekt, Informationsaspekt, Spielaspekt) einen festen Platz in der Begriffswelt aller in Theorie und Praxis sozialistischer Leitungs- und Führungstätigkeit Tätigen erhalten. Damit wären zugleich die Voraussetzungen dafür geschaffen, daß sich die Kybernetik schrittweise zu einem immer stärker ökonomisch wirksamen Instrument der Vorkonstruktion realer ökonomischer Prozesse entwickelt.

Die Wissenschaft von der Wirtschaftsführung hat Grundlagen in der *Rechtswissenschaft*. Erwähnt sei hier nur das Arbeitsrecht, das Vertragsrecht, das in Formierung begriffene Wirtschaftsrecht überhaupt. Vor allem spielt die Rechtswissenschaft eine große Rolle bei der Fixierung der Verantwortung und der Delegationsmöglichkeiten, bei der Fixierung des Rahmens des Risikos, bei der Bestimmung der Führungsebene einschließlich des Problems juristische Person und der vermögensrechtlichen Fixierung des Volkseigentums. Hauptaufgabe des Rechts — gemeinsam mit der Ökonomie — ist dabei z. B. die richtige Gestaltung der Entscheidungspyramide der Gesellschaft. Das Recht verfügt über eine Reihe unterschiedlicher Instrumente zur Gestaltung der Wirtschaftsbeziehungen, deren Verhältnis zueinander von dem jeweiligen System der Planung und Leitung abhängig ist. Unter den Bedingungen des neuen ökonomischen Systems in seiner gegenwärtigen Form wächst z. B. die Rolle der Rechtsnormen im allgemeinen, des Vertrages im besonderes. So z. B. muß sich die zentrale Rolle des Planes im Rahmen des neuen ökonomischen Systems auch in seiner rechtlichen Verbindlichkeit widerspiegeln. Im engeren Sinne interessiert uns vom Standpunkt der Theorie der sozialistischen Wirtschaftsführung insbesondere die Gestaltung und Ausnutzung solcher Rechtsnormen wie der Planungsakt, die operative Weisung, die Koordinierungsvereinbarung und der Vertrag. Eine besondere Aufgabe des Wirtschaftsrechts im Führungsprozeß besteht ohne Zweifel in der rechtlichen Sicherung der gesamtgesellschaftlichen Effektivität der auf Fondsvermehrung beruhenden sozialistischen Geschäftstätigkeit wirtschaftender Einheiten mit dem Ziel, einen hohen Ertrag zu erreichen. Dabei spielt das Wirtschaftsrecht eine besondere Rolle bei der exakten Formulierung der Wechselbeziehung der

Führungsebenen im Reproduktionsprozeß und befaßt sich dabei besonders mit den sozialistischen Betrieben und Betriebsvereinigungen als Rechtssubjekte und ihren Rechtsbeziehungen zur zentralen staatlichen Führung und untereinander.

Die Theorie der sozialistischen Wirtschaftsführung hat auch Quellen in der *marxistischen Sozialpsychologie*, einer noch jungen wissenschaftlichen Disziplin. Sie untersucht von der Sache her Wesen und Gesetzmäßigkeiten der konkreten Kooperation. Sie untersucht darüber hinaus die Formung sozialistischer Persönlichkeiten in der konkreten Kooperation. Da der Leiter nicht nur Dirigent technologischer Prozesse ist, sondern zugleich Leiter sozialistischer Kollektive, hat er naturgemäß ein Interesse daran, die Gesetzmäßigkeiten, die Gemeinschaften und Kollektiven eigen sind, zu kennen und zu beherrschen. Die sozialen Beziehungen, Verhältnisse usw. im Prozeß der gesellschaftlichen Reproduktion sind ursächlich materieller Art; in ihnen kommt das Wesen der besonderen sozialen Qualität zum Ausdruck. Die materiellen Beziehungen sind daher der Ausgangspunkt, sind die primären Beziehungen jeglicher gesellschaftlicher Tätigkeit und determinieren somit die verschiedensten Interessen.

Gehen wir von diesem soziologischen Bezugsrahmen an die sozialistische Leitung heran, messen wir daran die soziale Rolle der Leitungs- und Führungskräfte, die als zielgerichtete Tätigkeit zu kooperations- und funktionstüchtiger Produktion im Sinne der Rationalität und gleichzeitig als Verwirklichung sozialistischer Gesellschaftspolitik bestimmt ist, dann handelt es sich hierbei um drei Probleme, die als Forderungen an den Leiter herangetragen werden:

1. Die Persönlichkeitsstruktur der Leitungs- und Führungskräfte in der Wirtschaft, deren Eigenschaften und Fähigkeiten — nicht abstrakt und „an sich" — sondern in der konkret-historischen Etappe der Schaffung des eigentlichen ökonomischen Systems des Sozialismus zu untersuchen. Das Ziel besteht in der Bestimmung, Entwicklung und Festigung der Kenntnisse, Fähigkeiten und Eigenschaften, die eine Leiterpersönlichkeit kennzeichnen. Von besonderer Bedeutung ist das Verhältnis zwischen Fachwissen und leitertypischen Eigenschaften auf den verschiedenen Ebenen der Leitung.
2. Die Kollektivformung mit dem Ziel zu verfolgen, individuelle und kollektive schöpferische Handlungen zu aktivieren, damit ein hoher gesellschaftlicher Nutzen erreicht wird und gleichzeitig sich sozialistische Persönlichkeiten und Gemeinschaften entwickeln.
3. Die Realisierung einer Ordnung durchzusetzen, die den objektiven Arbeitsverlauf widerspiegelt und ausreichend dynamisch sein muß, um auf diesen

aktiv zurückwirken zu können. Aufgabe des Leiters ist es, die Rahmenbedingungen festzulegen, die Strategie und Taktik des Wirtschaftsverhaltens zu konzipieren — kurz festzulegen, wohin man eigentlich ökonomisch will. Solche Konzeptionen werden dann eine neue Qualität der Beziehung des sozialistischen Produzenten zum Wirtschaften bewirken. Ausgangs- und Endpunkt wirtschaftlicher Vorgänge sind menschliche Handlungen, meist an sozialen Normen orientiert. Die Aufgabe des Leiters ist, nicht nur konkrete Normen des Verhaltens festzulegen, sondern so zu leiten, daß diese Normen bewußt eingehalten werden.

Da sich die *marxistische Soziologie* auf der Grundlage des historischen und dialektischen Materialismus die Aufgabe stellt, die konkreten Bedingungen, Faktoren und Triebkräfte der gesellschaftlichen Aktivität der Menschen im gesetzmäßigen Entwicklungsprozeß aufzudecken, wird sie vom Leiter zur Beherrschung seiner Führungsfunktionen genutzt. Man kann sagen, daß wissenschaftliche Leitung im Sozialismus bedeutet, das konkrete, gesellschaftlich relevante Handeln der Menschen in seiner Vielfalt umd Komplexität in die Richtung einer nach einem Gesamtplan und -willen geordneten, sich selbst organisierenden Gesellschaft zu leiten. Das gleiche trifft auf die *Psychologie* als Wissenschaft von den allgemeinen Gesetzmäßigkeiten der menschlichen Psyche zu. Dazu zählt die pädagogische Psychologie (die Struktur und Entwicklung von Charaktereigenschaften, die Erziehung und Festigung von Motivationen usw.); die Sozialpsychologie (die soziale Wechselwirkung in der menschlichen Kooperation); die Ingenieur- und Arbeitspsychologie.

Von außerordentlicher Bedeutung für eine wirksame Leitung sind auch die Erkenntnisse der sozialistischen *Pädagogik*, der Lehre von den Zielen und Aufgaben der Erziehung, ihrem Inhalt, ihren Methoden und ihrer Organisation.

Der Zustand der Wirtschaftsführung, ihr *Niveau* hängt in starkem Maße vom *Arbeitsstil* der Führungskräfte und ihrer Stäbe ab. Wir wissen heute in der Führungswissenschaft noch sehr wenig über den Führungsstil erfolgreicher Führungskräfte. Die Bedingungen ökonomischen Handelns im Zusammenhang mit der technischen Revolution, die Bewältigung der wachsenden Kooperation, das Beherrschen moderner Planungsmethoden und ihre Umsetzung, die hohe Reagierfähigkeit der Leiter im Zusammenhang mit Außenwirtschaftsanforderungen usw., das sind Fragen, vor denen unsere Leiter ständig stehen, bei denen sie Erfahrungen sammeln, Erfolge erzielen, Fehler begehen usw. Es gehört also zur marxistischen Führungswissenschaft überhaupt, alles Neue und Fortschrittliche, was die vielfältige Praxis unserer Führungskader und ihrer engsten Mitarbeiter in ihrer ökonomischen Führungstätigkeit hervorgebracht haben, zu analysieren und auf dieser Grundlage unter Einschätzung künftiger Anforderungen die zweckmäßigsten wissenschaftlich begründeten Arbeitsmethoden zu empfehlen. Große Hilfe bei der Ausarbeitung solcher Empfehlungen können Methoden der Systemforschung, der Operationsforschung usw. leisten, die sich mit einer sorgfältigen Analyse der Führungsprozesse befassen und auf dieser Grundlage günstige Methoden zur Lösung der praktischen Führungsaufgaben entwickeln sollen. Solche Forschungen sollen die Informationsströme ordnen und auch Möglichkeiten und Zweckmäßigkeit der Automatisierung von Führungsunterlagen bestimmen.

Die ständig steigenden Anforderungen, die an die Führungskräfte gestellt werden müssen, können nicht in erster Linie durch den noch vorhandenen Trend der personellen Ausweitung und der extensiven Ausdehnung des Arbeitstages der Führungskader bewältigt werden. Durch wissenschaftliche Arbeitsmethoden und in Form planmäßiger und rationeller Kooperation unter Einbeziehung moderner technisch-organisatorischer Hilfsmittel ist zu sichern, daß die Führungskräfte in einem kontinuierlichen und rhythmischen Programm ihre eigentlichen Aufgaben mit hoher Qualität lösen.

Ein nicht minder wichtiges Teilgebiet der Theorie der Wirtschaftsführung wie der Führungswissenschaft überhaupt ist die rationelle *Führungsorganisation*. Dieses Gebiet ist keineswegs inhaltslos, sondern von außerordentlich großer Bedeutung für den Effekt des Einsatzes der gesellschaftlichen Gesamtarbeit. Vom Standpunkt der Führung sind dabei solche Fragen interessant, wie die Organisation des Entscheidungsprozesses von der Vorbereitung bis zur eigentlichen Entscheidung und ihrer Kontrolle oder die Frage nach der klaren Aufgabenstellung und der Organisation ihrer Lösung. Nicht minder wichtig ist die Anpassung der Organisation entsprechend der inhaltlichen Hauptaufgabe. Es ist doch z. B. auf der Hand liegend, daß in sogenannten dynamischen Zweigen, die für die wissenschaftlich-technische Revolution und ihre konsequente Realisierung eine besondere Rolle spielen, die rationelle Organisation von Forschung und Entwicklung, ihre Kopplung mit der Rationalisierung und der Bildungsökonomie sowie dem Absatz der Erzeugnisse ausschlaggebend für die konsequente Verwirklichung der Forderungen der Ökonomie der Zeit ist.

Hierzu gehört vor allem auch die bewußte Gestaltung der Arbeitsteilung und Kooperation des gesellschaftlichen Reproduktionsprozesses im Sinne der Schaffung zweckmäßigster ökonomischer Organisationseinheiten (Betriebe, Kombinate, VVB usw.).

Die rationelle Organisation ist doch kein abstrakter Selbstzweck, sondern sie dient der Kombination der Gesamtarbeit, um mit dem geringstmöglichen

Aufwand höchstmöglichen Ertrag zu erzielen. Organisation wird bekanntlich abgeleitet von organikos, das Organische, und bezog sich ursprünglich auf den Aufbau mehrteiliger Körper im Bereich der Natur. In der Wirtschaft verstehen wir darunter die bewußte Gestaltung und Beherrschung aller Mittel zur Verwirklichung der in der Planung gesetzten Aufgabenziele. Während die inhaltliche Planung, grob gesagt, Zielsetzung und Aktive festlegt, also vor allem die Strategie zum Inhalt hat, befaßt sich die Organisationsplanung mit der Durchführung, also dem Wie. Natürlich sind Planung und Organisation zwei Seiten ein und derselben Sache, effektive Beherrschung der Reproduktion ist ihre gemeinsame Funktion. Realisierung der Planung erfordert Organisation. Organisation ohne Planung ist undenkbar. Man kann nicht im luftleeren Raum organisieren. Organisation ist Sicherung der logischen und zielgerichteten Handlung der Werktätigen, um ein gewünschtes Ergebnis zu erhalten und alle Maßnahmen, die zu diesem Ergebnis führen, von Störungen freizuhalten.

So gesehen verstehen wir unter Organisation die bewußte und rationelle Gestaltung der Arbeitsteilung und Kooperation der Glieder des sozialistischen Reproduktionsprozesses zur Erreichung geplanter Ziele bei minimalem Aufwand.

Organisation hat in unserem Zusammenhang immer einen sozial-ökonomischen Aspekt, indem sie das effektive Zusammenwirken der Werktätigen im Kollektiv, in ihrer geistigschöpferischen Arbeit unter anderem durch Bildung und Regelung von Strukturen und Prozessen zum Inhalt hat.

Die Verwirklichung einer effektivitätswirksamen Initiative der Werktätigen ist das A und O der Führungstätigkeit, wobei es vor allem darauf ankommt, die Qualifizierung der leitenden Kader, den Bewußtseinsgrad, die sich entwickelnden Talente, Fähigkeiten und die gemeinschaftliche Schöpferkraft unserer werktätigen Menschen allumfassend zu fördern. Das Wesen der sozialistischen Führungs- und Leitungstätigkeit wird nur verständlich durch die Beachtung des objektiven Zusammenhangs von sozialistischem Eigentum, gesellschaftlicher Arbeitsteilung und Kooperation, den Interessen, der Initiative und der Bewußtheit der Werktätigen und dem Effekt ihres Handelns. Hieraus ergeben sich prinzipielle Fragestellungen für eine den neuen Bedingungen entsprechende typisch sozialistische Leitung des Reproduktionsprozesses:

- Das neue ökonomische System der Planung und Leitung ist insgesamt politisch bewußte Wirtschaftsführung, in deren Vollzug auch die Produktionsverhältnisse auf höherer Stufenleiter reproduziert werden;
- im Zusammenhang mit der weiteren gesellschaftlichen Entwicklung werden immer engere und wirkungsvollere Beziehungen des sozia-

listischen Produzenten zum gesellschaftlichen Eigentum hergestellt. Dies erfolgt über vollkommenere Ausnutzung der Gesetze der Verteilung nach der Leistung, damit verbundenen wirksamen Formen der Masseninitiative und der sozialistischen Demokratie auf allen Leitungsebenen und an allen entscheidenden Prozessen. Diese Aufgabe muß auch vom Gesichtspunkt der aktiven Funktion der Leiter und Kollektive im Führungsprozeß bewältigt werden. Daher muß die Theorie von der sozialistischen Wirtschaftsführung, sowohl die Begründung als auch die praktikable Prinzipienregelung für solche wichtigen Organe, wie die Produktionskomitees und ökonomischen Aktivs in den Großbetrieben und für die Gesellschaftlichen Räte bei den VVB einschließen. Die Leitung der Produktion vollzieht sich unter konkreten Klassenbedingungen. Im Gegensatz zur kapitalistischen Gesellschaftsordnung, in der die Arbeiterklasse aus prinzipiellen politischen Gründen von der Leitung gesellschaftlicher Prozesse — insbesondere auch der Produktion — ausgeschlossen ist, nehmen die Werktätigen in unserem Staat, ausgehend von ihrer Stellung zu den Produktionsmitteln, mehr und mehr bewußt aktiv Anteil an der Führung. Ihr Interesse an der Planung und Leitung entwickelt sich im Maße der Verwirklichung des neuen ökonomischen Systems, in dem Maße, wie ihnen der Zusammenhang zwischen ihrer Tätigkeit und deren Ergebnissen immer bewußter und offen sichtbarer wird. Diesem Interesse liegen sowohl materielle als auch moralisch-ideologische Motive wie auch allgemeine demokratische Bedürfnisse im Verlaufe der sozialistischen Bewußtseinsentwicklung zugrunde. Jeder Leiter kann seinen, ihm von der Gesellschaft gestellten Auftrag nur dann richtig sehen und erfüllen, wenn er seine Aufgaben in enger sozialistischer Zusammenarbeit mit den werktätigen Menschen durchführt.

Unsere prinzipielle Aufgabe besteht darin, die großen gesellschaftlichen Potenzen, die die Vorzüge des Sozialismus ausmachen und uns alle Möglichkeiten zur Erhöhung der Effektivität der gesellschaftlichen Arbeit bieten, vorausschauend und dynamisch im Plan zu erfassen und real in nationalen Reichtum umzuwandeln.

Deshalb beinhaltet die zweite Etappe des neuen ökonomischen Systems die Verwirklichung einer neuen Qualität der Planung und die Anwendung wirkungsvoller ökonomischer Kriterien der wirtschaftlichen Rechnungsführung. Das erfordert zugleich eine neue Einstellung zur Planung und ihre Verwirklichung in der Arbeit mit den Menschen. Der Plan ist nicht nur als ökonomische und technische Aufgabe, sondern vor allem als Ergebnis der schöpferischen Initiative der Werktätigen aufzufassen, die mit dem Plan bewußt ihre Zukunft gestalten.

Der sozialistische Leiter muß in allen Fragen der Planerarbeitung und -realisierung die kollektive Arbeit der Wissenschaftler und Experten verschiedener Fachgebiete, hervorragender Neuerer und erfahrener Produktionsarbeiter entwickeln. Ob es sich um die Eigenerwirtschaftung der Mittel für die erweiterte Reproduktion handelt, durch die das Interesse der Leiter und Kollektive, der Betriebe und VVB an einer maximalen volkswirtschaftlichen Effektivität gestärkt wird, oder um die systematische Herausbildung der sozialistischen Preispolitik zur noch wirkungsvolleren Ausnutzung des Wertgesetzes und des Gesetzes der planmäßigen proportionalen Entwicklung — überall geht es um Probleme der sozialistischen Menschenführung, d. h. wir müssen unsere Werktätigen mit den neuen, für sie vorteilhaften ökonomischen Vorgängen vertraut machen und deren Durchsetzung gemeinsam mit ihnen organisieren.

Das gesamte ökonomische Denken und Handeln muß auf die volkswirtschaftlich entscheidende Aufgabe, die komplexe sozialistische Rationalisierung, konzentriert werden: Es handelt sich bei der komplexen sozialistischen Rationalisierung keineswegs nur um ein technisch-ökonomisches Problem, sondern vor allem auch um einen außerordentlich bedeutsamen Prozeß zur Verbesserung der Arbeits- und Lebensbedingungen der Menschen. Kluge und verständnisvolle Zusammenarbeit mit den Werktätigen ist eine unerläßliche Bedingung zur zielstrebigen Durchführung dieser Prozesse.

Es gehört zur ureigensten Aufgabe der Leiter im Staats- und Wirtschaftsapparat, daß sie die Zielstellungen und die zu erwartenden Ergebnisse aller Rationalisierungsmaßnahmen gewissenhaft mit den Werktätigen beraten und ihre Vorschläge und Erfahrungen ernsthaft berücksichtigen. Insbesondere ist es Merkmal eines sozialistischen Leiters, daß er mit tiefem Verständnis und großem Takt die Gedankengänge insbesondere älterer Arbeiter beachtet, die aus den eigenen Erfahrungen mit der kapitalistischen Rationalisierung gelegentlich allgemeine Skepsis gegenüber Rationalisierungsmaßnahmen überhaupt ableiten. Hieraus erwächst jedem sozialistischen Leiter die Pflicht, rechtzeitig und gemeinsam mit den Werktätigen die Voraussetzungen für die Vorbereitung auf neue Arbeitsbedingungen, Technologien und Verfahren zu schaffen, damit sich die Menschen mit Interesse und Freude, aber auch durch Qualifizierung darauf einstellen können.

Genosse Walter Ulbricht sagte in diesem Zusammenhang in seiner Eröffnungsrede auf der Rationalisierungskonferenz: „Die Lösung der genannten Aufgaben ist nur möglich bei noch engerer und zielbewußterer Zusammenarbeit der Wissenschaftler, Techniker, Arbeiter und der Lehrkräfte an den Hoch- und Fachschulen. Diese umfassende Rationalisierung gibt uns zugleich die Möglichkeit, die Arbeits- und Lebensbedingungen vieler

Werktätiger zu verbessern, den Umfang schwerer und gesundheitsgefährdender Arbeit einzuschränken und gesundheitsfördernde Produktionsbedingungen zu schaffen.“[1]

Ein wesentliches Glied bei der Verwirklichung der aktiven Funktion des Leiters und der Werktätigen ist die *Kaderarbeit.* Dabei darf die Kaderarbeit, und das ist erfahrungsgemäß sehr wichtig, nicht zu eng aufgefaßt werden, so etwa als Arbeit eines Personalbüros alten Stils. Vielmehr geht es primär um folgende Fragen:

Die Kaderarbeit ist entscheidender Bestandteil der gesamt-strategischen Konzeption der jeweiligen Führungsbereiche, also des Betriebes, der VVB, der Ministerien oder auch der Institute usw. Es ist nicht möglich, nur die materiellen Investitionen, die Veränderungen des wissenschaftlich-technischen Niveaus der Ausrüstungen, den wachsenden Materialbedarf, die neue Erzeugnisstruktur zu sehen, sondern es kommt vor allem darauf an, die lebendige Arbeit und ihre Entwicklung richtig perspektivisch zu entwickeln. In den Theorien über den Mehrwert hat Marx die Qualifikation und ihre Entwicklung als Hauptakkumulation des gesellschaftlichen Reichtums bezeichnet. Und in der Tat, es ist unmöglich, wissenschaftliche, auf die Perspektive gerichtete Führungstätigkeit zu betreiben, ohne prognostische Kaderarbeit. Unsere Gesellschaft ist an der allseitigen Entwicklung der Persönlichkeit interessiert und verlangt sie. Aber gleichzeitig ist klar, daß wir Fragen der Bildung nicht philantropisch sehen, sondern daß die Bildung bzw. die Bildungsökonomie gleichzeitig wesentliche Bedingung volkswirtschaftlichen Wachstums ist. Die technische Revolution ist nicht zu realisieren ohne den Ausbau von Forschung und Entwicklung. Das aber heißt eindeutig auch, eine zielstrebige Bildungsinvestitionspolitik zu betreiben. Die Automatisierung, die komplexe Rationalisierung reißen neue Fragen der Berufsstruktur auf. Diese Dinge dürfen die Führungskader nicht an sich herankommen lassen, sondern sie müssen sie in ihren prognostischen Überlegungen entsprechend werten.

Eine letzte Bemerkung dazu. Unter unseren Bedingungen zählt nur die wirksame Qualifikation, d. h. die technische Revolution ist nur mit dynamischer Bildung zu verwirklichen. Ein Ausdruck dafür ist z. B. auch die Einrichtung der Institute für sozialistische Wirtschaftsführung. Wir stehen dabei noch ganz am Anfang. Ich werde über unsere Einrichtung, das Zentralinstitut für sozialistische Wirtschaftsführung, und das System der Weiterbildung an anderer Stelle noch einige Ausführungen machen.

[1] Sozialistische Rationalisierung und Standardisierung, (Konferenzmaterialien) Dietz Verlag, Berlin 1966 S. 8

Die Institute für sozialistische Wirtschaftsführung müssen sich mehr und mehr auch in Labore des jeweiligen Führungsbereiches verwandeln, in denen Fallspiele, Industriespiele usw., die es mit konkreten Prozessen zu tun haben, durchgespielt werden.

Zu den Grundlagen der Wirtschaftsführung gehört die Klarheit über die *Stellung des sozialistischen Leiters.*[1] Seine ökonomische Hauptfunktion ist der auf die Perspektive gerichtete rationelle Einsatz der vergegenständlichten und lebendigen Arbeit, um mit dem geringstmöglichen Aufwand den höchstmöglichen Ertrag zu erzielen. Der sozialistische Leiter löst diese Aufgabe in erster Linie durch die Führung von Menschen. Aus diesem Grundanliegen ergibt sich die Spezifik der Stellung des sozialistischen Leiters. Er hat eine Doppelfunktion wahrzunehmen. Einerseits vollzieht er jene allgemeinen Funktionen im Wirtschaftsprozeß, von denen Marx bereits in der Betrachtung des kapitalistischen Produktionsprozesses konstatierte: „Alle unmittelbar gesellschaftliche oder gemeinschaftliche Arbeit auf größerem Maßstab bedarf mehr oder minder einer Direktion, welche die Harmonie der individuellen Tätigkeit vermittelt und die allgemeinen Funktionen vollzieht, die aus der Bewegung des produktiven Gesamtkörpers im Unterschied von der Bewegung seiner selbständigen Organe entspringen.“[2]

Andererseits hat der Leiter in Ausführung dieser allgemeinen Funktionen zugleich den Werktätigen ihre eigene Stellung im wirtschaftlichen Handeln bewußt werden zu lassen. Diese Doppelfunktion schlägt sich in der Tätigkeit des Leiters vielfältig im einzelnen nieder. Bei der Ausarbeitung des Plans z. B. muß er die ökonomischen Tätigkeiten mehr oder weniger komplizierter Bereiche koordinieren und dabei zugleich die Mitwirkung der Menschen organisieren mit dem Ziel, ihnen ihre Macht bewußt werden zu lassen und ihnen die Möglichkeit zu geben, als Werktätige und als Herren der Produktion die Macht auszuüben. Aus dieser Doppelfunktion ergibt sich als Grundaufgabe des Leiters, das ihm anvertraute Kollektiv zu höchsten ökonomischen Ergebnissen zu führen und dabei zugleich die sozialistischen Beziehungen zwischen den Menschen zu entwickeln, sozialistische Kollektive und sozialistische Persönlichkeiten durch seine Bemühungen mit herauszubilden.

Untersucht man hiervon ausgehend die Position, die der Leiter im System sozialistischer Wirtschaftsführung einnimmt, so stößt man auf drei Hauptkomponenten:

[1] Diese Gedanken wurden von Gerd Friedrich entwickelt und mit seiner freundlichen Genehmigung übernommen. Siehe hierzu: Sozialistische Wirtschaftsführung in der Industrie, Lehrbriefreihe der Hochschule für Ökonomie, 1966

[2] Karl Marx, Das Kapital, Marx/Engels, Werke, Band 23, S. 350

a) die objektive und subjektive Autorität des Leiters, die durch seine politische Haltung, seine Stellung, seine Qualifikation, sein Ansehen im Kollektiv und anderes mehr umrissen wird;
b) die Stellung des Leiters innerhalb der Leitungspyramide, durch die sein Entscheidungsfeld, seine Verantwortung, seine Aufgaben bestimmt wird, und
c) die Orientierung auf die Verhaltensweisen und Handlungen des Leiters, die durch das System der Wirtschaftsführung insgesamt ausgelöst werden und auch die Optimalitätskriterien für sein Verhalten einschließen.

Der sozialistische Leiter tritt den Werktätigen als Beauftragter der sozialistischen Staatsmacht gegenüber. In der Leitung der Wirtschaft hat er dabei eine unmittelbar aus dem gesellschaftlichen Charakter der Produktion entspringende Funktion wahrzunehmen, die die objektive Grundlage für seine Autorität darstellt. Aber diese Autorität tritt den Werktätigen keinesfalls als „fremde" Autorität, wie etwa die durch die Kapitalmacht bzw. Adelsbriefe vollzogene Autoritäten in der Ausbeutergesellschaft gegenüber.

Der sozialistische Leiter kann echte Autorität nur durch seine Bewährung in der tagtäglichen Arbeit gewinnen. Diese Autorität ist von seiner Qualifikation, von seiner Befähigung zur Führung von Menschen und von seiner Arbeitsweise, seinem Führungsstil abhängig.

Die Qualitätsmerkmale des Leiters erstrecken sich auf folgende Bereiche:[1]

1. Auf seine politische Qualifikation, von der es abhängt, ob die Einheit von politischer und wirtschaftlicher Leitung gewährleistet ist und die ökonomischen Probleme des Führungsbereiches stets politisch, d. h. vom Standpunkt des Gesamtinteresses der Arbeiterklasse und aller werktätigen Menschen beurteilt werden. Nur ein Leiter mit hoher politischer Qualifikation kann die Menschen von der Richtigkeit der gestellten Aufgaben überzeugen und sie für ihre Erfüllung gewinnen.
2. Auf seine fachlichen Kenntnisse, jenes technische und ökonomische Wissen, das, verbunden mit der politischen Qualifikation, eine Vorbedingung für die Ausführung der jeweiligen Funktion darstellt. Das bedeutet z. B., daß der sozialistische Leiter gegenüber dem Neuen in der Arbeitsweise von Führungskadern einschließlich in seinem Verhalten zu neuen Instrumenten aufgeschlossen ist. Beispielsweise kann ein sozialistischer Leiter kaum die komplexe Rationalisierung sachgemäß durchführen, ohne sich auf solche Instrumente wie Teilverflechtungsbilanzierung, Optimierungsrechnungen und anderes zu stützen. Das bedeutet natürlich nicht, daß er

[1] Diese Merkmale wurden insbesondere von Prof. Gerd Friedrich herausgearbeitet.

selbst alles können muß, daß er selbst alles bis ins einzelne beherrschen muß, das ist schlechterdings unmöglich. Aber er muß diese Instrumente dem Prinzip nach verstehen und er muß in der Lage sein, von seinen Stäben und von seinen Mitarbeitern überhaupt auf dem jeweiligen Gebiet die Anwendung modernster Instrumente und Methoden zu verlangen.

3. Auf seine Fähigkeit zur schöpferischen Arbeit, zur Analyse eines Problems, zur Synthese und Kombination, um Ziele zu setzen und Entscheidungen richtig zu fällen. Das „Denkvermögen" ist wesentlich dafür, ob sich der Leiter Dinge aus der richtigen Perspektive vorstellen kann und ob er gesammelte Arbeitserfahrungen in praktische Urteile umzumünzen vermag. Es ist schädlich, wenn ein Leiter, der viele hundert Millionen, manchmal Milliardenfonds verwaltet, in seinem Verhalten zur Wirtschaftsführung eng und schmalspurig ist.
4. Auf seine Charaktereigenschaften, die Einsatzbereitschaft für die gemeinsame sozialistische Sache, Konsequenz und Beharrlichkeit im Verfolgen der gesellschaftlichen Interessen und anderes mehr.
5. Auf seine Führungsqualitäten, die Fähigkeit, Ideen klar und überzeugend darzulegen, Aufgaben richtig zu formulieren, die Durchführung getroffener Entscheidungen zu vermitteln, seine Entscheidungsfreudigkeit und sein Verantwortungsbewußtsein, seine enge Beziehung zu den Werktätigen, seine Fähigkeit, Menschen zu führen und zu beurteilen.

In der Führung der Menschen legt der sozialistische Leiter die Kenntnis von den Entwicklungstendenzen von Arbeitskollektiven sowie der Triebkräfte für das schöpferische Handeln im Kollektiv zugrunde. Für ihn kommt es darauf an, Sorge zu tragen für die gemeinsame Zielvorstellung des Arbeitskollektivs. Die Menschen im Kollektiv müssen sich mit dem Ziel maximal identifizieren. Teilnahme an der Erarbeitung der Zielvorstellung ist Bedingung für die Identifizierung und macht die Umsetzung der Ziele leichter. Die Qualifikation des Leiters und seine Fähigkeit zur Menschenführung prägen in hohem Maße seinen Arbeitsstil. Aus den wichtigsten Merkmalen eines guten Arbeitsstils seien hier folgende hervorgehoben: Zunächst die Konzentration auf Schwerpunkte des Führungsbereiches. Diese Konzentration schließt eine dynamische Betrachtung der im Führungsbereich ablaufenden Prozesse als Voraussetzung für die Delegierung von Leitungsentscheidungen an nachgeordnete Leitungsebenen ein und gibt die Grundlage für die Formalisierung von Routineentscheidungen, um sie weniger qualifizierten Mitarbeitern übertragen zu können bzw. um sie mit technischen Hilfsmitteln ohne großen Leitungsaufwand zu lösen. Zum anderen gehört dazu die sorgfältige Anleitung der Mitarbeiter und die Einbeziehung des Kollektivs in die Leitungstätigkeit. Gute Leiter widmen dieser

Seite ihrer Tätigkeit großes Augenmerk in der klaren Erkenntnis, daß die Aufgaben nur mit Unterstützung des gesamten Kollektivs gut gelöst werden können. Das umschließt eine enge Zusammenarbeit mit den gesellschaftlichen Organisationen, verlangt vom Leiter die Fähigkeit, mit den Menschen umzugehen, ihre Einsatzbereitschaft zu wecken und daß er sich seiner Wirkung als Vorbild stets bewußt ist. Schließlich sei die gute Arbeit mit den Nachwuchskadern hervorgehoben. Der Führungsnachwuchs, der systematisch über den Einsatz als Stellvertreter, als Assistent beim Leiter oder als Leiter von Funktionalbereichen herangebildet wird, ist die Hauptquelle, um den Leiter in seiner verantwortungsvollen und schweren Arbeit zu unterstützen. Dabei kommt es darauf an, den zukünftigen Leiter sorgfältig zu beobachten und durch Übertragung gezielter Aufgaben zu entwickeln.

Wenn mir hier eine Bemerkung in diesem Zusammenhang noch gestattet sein mag, so vor allem die, daß die Führungskräfte bei der Heranbildung von Leitungskadern beachten, daß diese Kräfte wirklich zum Entscheiden gezwungen werden und, wenn man so will, eine harte Schule des Erfahrungsammelns absolvieren und nicht im Glaskasten herangezogen werden.

Eine solche Arbeitsweise setzt voraus, daß der Leiter den normalen Ablauf von Routineentscheidungen in seinem Führungsbereich eindeutig geordnet hat, die Zuarbeiten seiner Funktionalbereiche richtig anleitet und organisiert, zweckmäßige Formen der Anleitung wählt und die Möglichkeiten der Leitungstechnik rationell nutzt. Anderenfalls ist er in keiner Weise Herr seiner eigenen Arbeitszeit, andere weisen ihm dann die Arbeit zu und von einer Konzentration auf Schwerpunkte kann nicht mehr die Rede sein. Und Mängel in der Arbeitsorganisation des Leiters wirken bekanntlich wie eine Lawine, nicht nur deshalb, weil die Mitarbeiter meist in den gleichen Fehler verfallen, sondern auch darum, weil selbst bei intensivsten Bemühungen und bester Organisation die Leiter der unterstellten Bereiche zu keiner planvollen, den Schwerpunkten ihres Führungsbereiches entsprechenden Leitungsarbeit kommen, wenn ihre Absichten durch ihren übergeordneten Leiter immer wieder durchkreuzt werden. Heraus kommt dann ein hektischer Arbeitsstil, Hunderte von Dingen werden angefangen und nur die wenigsten davon konsequent beendet. Die Fähigkeit des guten Leiters muß gerade darin bestehen, Rangordnungen festzulegen, nach denen Probleme seines Führungsbereiches zu lösen sind. Kann er das nicht, sei es auf Grund subjektiver Unfähigkeit, sei es, weil die Leitungspyramide nicht in Ordnung ist und es ihm seine Stellung nicht erlaubt, so muß es zu Fehlentscheidungen und ökonomischen Verlusten kommen. Die Spezifik der Arbeit des sozialistischen Leiters besteht darin, daß er über Ziele und Maßnahmen der ökonomischen Entwicklung seines Führungsbereiches Entscheidungen fällen muß, daß er in vielfältger Weise auf andere Menschen einwirkt unter anderem durch Aufgabenstellung und Anleitung, durch Erziehung und Kontrolle, durch sein persönliches Vorbild, daß er die Tätigkeit arbeitsteilig vorgehender Kollektive koordiniert und so die Durchführung der gegebenen Aufgabenstellung organisiert.

Die wichtigsten Führungsentscheidungen werden in unserer Volkswirtschaft in Verbindung mit der Ausarbeitung des Plans vorbereitet und gefällt. Im Grunde genommen ist das gesamte Planungssystem perspektivisch, mittelfristig und operativ ein System von Entscheidungen über zukünftige Wirtschaftssituationen. Wichtige Aspekte der Vorbereitung von Leitungsentscheidungen sind identisch mit dem Bemühen um einen wissenschaftlich begründeten Plan. Das Entscheidungsfeld des Leiters ist in starkem Maße abhängig von den Verhältnissen der zentralen Planung zur Planung des eigenen Führungsbereiches. Der Plan bestimmt für den Leiter die verfügbaren Mittel und damit den materiellen Rahmen seiner Entscheidungen.

Ein wesentlicher Bestandteil sozialistischer Wirtschaftsführung ist der Entscheidungsprozeß. Wir haben bisher von wesentlichen Seiten der sozialistischen Wirtschaftsführung gesprochen. Ohne Zweifel ist das absolute Ziel der Wirtschftsführung, der Maßstab ihrer Wirksamkeit, die Wirtschaftlichkeit. Wirtschaftlichkeit aber hängt von allen Phasen der Reproduktion ab. Wirtschaftlichkeit selbst wird am Ertrag gemessen. Es ist selbstverständlich, daß die Hauptfunktion der Führungstätigkeit in der Wirtschaft gerade in der langfristigen stabilen Sicherung eines hohen Ertrages gesehen werden muß. Da es dazu oft mehrere Wahlmöglichkeiten gibt, ist die Entscheidung wesentliches Glied des Handelns des Leiters. *Entscheidung* können wir charakterisieren als Vorgang und Ergebnis der Wahl *zwischen mehreren Möglichkeiten* des *Handelns oder Unterlassens.* Die Entscheidung ist damit eine Stellungnahme zugunsten einer in der Planungsphase aufgestellten Lösungsmöglichkeit. Bevor ich auf einige generelle Prinzipien des Entscheidungsprozesses eingehe, sei mir noch eine Bemerkung gestattet, die im praktischen Wirtschaftsleben von außerordentlich großer Bedeutung ist. Entscheidung ist im Prinzip Stellungnahme für ein Verhalten in der Zukunft. Ihr haftet daher naturgemäß eine gewisse Ungewißheit an. Folglich ist Entscheidung immer auch ein Wagnis. Marktforschung, Spitzenleistungen in Forschung und Entwicklung, die zu neuartigen Erzeugnissen führen, kluge Geschäftstätigkeit usw. schränken das Wagnis ein. Ich habe die Bemerkung zum Wagnis aber aus prinzipiellen Erwägungen heraus gemacht, nämlich, daß moderne sozialistische Geschäftstätigkeit mit Risiko rechnen muß.

Entscheiden ist eine bestimmte Art des Handelns. Sie hat für den Reproduktionsprozeß einer ökonomischen Unternehmung, z. B. eines VEB oder einer VVB, eine auslösende und verändernde Bedeutung. Die Führungskräfte in der sozialistischen Wirtschaft bedienen sich zur Regelung und Steuerung des Reproduktionsprozesses

1. der vorbereitenden Planungsphase, in der alle Lösungsmöglichkeiten ausgearbeitet werden sollen,
2. der Entscheidung selbst, die Entscheidung ist Festlegung einer bestimmten Planabsicht und
3. die Verwirklichungsphase der Planabsicht. Die Entscheidung verlangt mittels der Organisation Konzentration der Kräfte zur Zielrealisation.
4. Mit der Entscheidung ist das Problem der Verantwortung verbunden, sowohl die Verantwortung für die Festlegung eines bestimmten Ziels als auch des Lösungsweges, vor allem aber auch die Verantwortung für die Realisierung des Ziels auf zweckmäßigste Art und Weise.
5. Entscheidung verlangt Ergebnisbewertung. Jeder Reproduktionsprozeß wird letzten Endes seines Ergebnisses wegen durchgeführt. Damit aber entsteht die komplizierte Frage nach dem Maßstab, die hier nicht weiter verfolgt werden soll.

Abschließend zu diesen generellen Fragen der Entscheidung muß noch vermerkt werden, daß die Entscheidung als Prozeß verstanden werden muß, der nach der Literatur im allgemeinen die Glieder[1]

a) Problemstellung und Zielsetzung,
b) Ermittlung von Daten und ihre Verarbeitung,
c) Erarbeitung von Alternativlösungen,
d) Entscheidungsakt als Kulminationspunkt

umfaßt.

Die allgemeine Funktion ökonomischer Entscheidungen besteht in der auf die effektivste Gestaltung des Reproduktionsprozesses gerichteten Lösungen von Problemen. Mit der Entscheidung über ökonomische Probleme wird die zukünftige Verhaltensweise eines Führungsbereiches bzw. seiner Teilbereiche ausgelöst. Im allgemeinen werden dabei heute noch Zielentscheidungen, Maßnahmeentscheidungen und Mittelentscheidungen unterschieden. Zielentscheidungen fixieren die Richtung der Entwicklung, Maßnahme- und Mittelentscheidungen sind Realisierungsentscheidungen.

[1] Siehe hierzu H. A. Rosenstock, Die Entscheidung im Unternehmungsgeschehen, Verlag Paul Haupt, Bern 1963

Von großer Bedeutung für das Treffen und Realisieren von Entscheidungen ist das Entscheidungsfeld. Es umfaßt die Entscheidungsmöglichkeiten eines Führungsbereiches, etwa einer VVB, eines Betriebes usw.[1]

Die Qualität der Entscheidungen eines Führungsbereiches wird bestimmt durch die *ökonomischen Ressourcen*, die dem jeweiligen Führungsbereich zur Erfüllung seiner Aufgaben zur Verfügung stehen; ferner durch die *Entscheidungskompetenz*, mit der der Leiter über die ökonomischen Ressourcen verfügen darf und die individuellen Fähigkeiten des Leiters und seiner Mitarbeiter, von denen es abhängt, in welchem Ausmaß die Kompetenz für optimale Entscheidungen über den Einsatz der ökonomischen Ressourcen ausgenutzt wird.

Die Vorbereitung und das Treffen von Entscheidungen ist als Bestandteil der Lehre von der sozialistischen Wirtschaftsführung von erstrangiger Bedeutung, da es von Zweckmäßigkeit, Ausmaß und Zeitpunkt der Entscheidung in hohem Maße abhängt, ob und wie die den einzelnen Führungsbereichen gestellten Ziele und Aufgaben erfüllt werden. Die Vorbereitung, Durchsetzung und Kontrolle der für die Entwicklung seines Bereiches wesentlichen Entscheidungen stellt daher die wichtigste Aufgabe des Leiters dar.

Von besonderer Bedeutung ist in diesem Zusammenhang die sozialistische Menschenführung. Sie zielt auf die Auslösung von Initiative und Interesse ab. Dies erfordert in der Regel Identifizierung mit den Zielen. Walter Ulbricht drückt die Verantwortung des Leiters wie folgt aus: „Er (der Generaldirektor — H. K.) muß die aktive Mitwirkung der Werktätigen seines Industriezweiges organisieren, wenn die großen Aufgaben gelöst werden sollen, die seiner VVB gestellt sind. Die Werktätigen ihrerseits sind materiell interessiert, an der Leitung der Produktion teilzunehmen. Sie werden immer mehr auch aus ideologischen Motiven, aus demokratischen Bedürfnissen darauf drängen, an der Leitung der Produktion teilzunehmen."[2]

Unter den Bedingungen der wissenschaftlich-technischen Revolution stehen folgende Anforderungen generell im Mittelpunkt der Führungsentscheidungen:

— Flexibilität, bedingt durch die Dynamik der Entwicklung,

— Risiko, — Rechtzeitigkeit, — Komplexität.

[1] Siehe zu diesem Komplex Gert Wilde, Die Führungsentscheidung und ihre Vorbereitung in der sozialistischen Industrie, (Dissertationsschrift), Berlin 1966

[2] Walter Ulbricht, Zum neuen ökonomischen System der Planung und Leitung, Berlin 1966, S. 419

Entscheidungen können und dürfen heute nicht mehr Erleuchtungen ‚großer Geister' sein. Die objektiv notwendigen Entscheidungen rechtzeitig richtig, d. h. in ihren Wirkungen mit höchstem gesellschaftlichen Nutzeffekt und mit einem möglichst geringen Aufwand vorzubereiten, zu treffen und durchzusetzen, wird zu einem wesentlichen Kriterium wissenschaftlich begründeter Führungstätigkeit. Walter Ulbricht bezeichnete auf dem 5. Plenum des ZK der SED das Treffen der wesentlichen Entscheidungen und das Führen der Kader zu ihrer Durchsetzung als das Wesen der Führungstätigkeit der Generaldirektoren. Die wissenschaftliche Erforschung der Probleme des Entscheidungsprozesses ist eine Kernfrage der Ausarbeitung der Theorie der sozialistischen Wirtschaftsführung. Das kann und darf nicht losgelöst von den praktischen Vorgängen des Wirtschaftslebens und ihrer Gestaltung geschehen, denn dann werden wir solche Regeln haben, die sich nicht verwirklichen lassen. So scheint mir, daß die Entscheidungstheorie vor allem im Zusammenhang mit wesentlichen tatsächlichen Entscheidungen auf den verschiedensten Gebieten der Führungstätigkeit entstehen muß.

Worüber müssen sich die sozialistischen Führungskräfte Klarheit verschaffen, um das Entscheidungsproblem im Prozeß der Führungstätigkeit komplex bewältigen zu können?

1. Jeder sozialistische Leiter muß die wesentlichen Entscheidungen in ihrem sachlich ökonomischen Inhalt und Zusammenhang kennen, die zur Beherrschung der ökonomischen Prozesse des Führungsbereichs durch ihn gefällt werden müssen. Diese Forderung erscheint zunächst als relativ leicht zu bewältigende Aufgabe, erweist sich jedoch als außerordentlich komplizierte Tätigkeit. Warum? Weil sie einerseits die exakte inhaltliche Bestimmung der Ziele, des allgemeinen Auftrags des Führungsbereichs und die Herausarbeitung der Führungsaufgaben des Leiters einschließt, andererseits ist diese Forderung unmittelbar mit den Problemen der Delegierung von Aufgaben, der Weiterleitung von Aufgaben, Verantwortung und Befugnissen verbunden. Die Herausarbeitung des Systems der Führungsentscheidungen, z. B. des Generaldirektors, ist schließlich damit verbunden, für den Generaldirektor die Bedingungen zu schaffen, damit er sich dieser seiner wesentlichen Aufgaben schwerpunktmäßig widmen kann.

   In diesem Zusammenhang sei nochmals ein kurzer Rückblick auf die Ausführungen zur Rationalisierung gestattet. Wir sagen, daß die Rationalisierung als ein ganzer Komplex von Maßnahmen zur Erhöhung der Ökonomie im jeweiligen Führungsbereich verstanden werden muß. Das aber heißt doch, daß z. B. der Leiter Entscheidungen über Forschung und

Entwicklung unmittelbar mit technologischen Veränderungen, mit veränderten Absatzbedingungen usw. zu sehen hat, nicht aber sich nur auf einen Punkt konzentriert, dadurch Nadelöhre schafft und schließlich eine ungeheure Belastung mit Kosten einsetzt, die das Produkt wesentlich im Preis überhöhen und nicht zuletzt Schwierigkeiten auf dem Weltmarkt mit sich bringen.

2. Der Prozeß der Vorbereitung und Durchsetzung ökonomischer Entscheidungen wird mehr und mehr objektiviert und selbst zu einer wissenschaftlichen Aufgabenstellung der Führungskräfte. Die durch das 11. Plenum eingeleitete qualitative Erweiterung des Entscheidungsfeldes der VVB z. B. führt mehr denn je zur Erkenntnis, daß improvisierte Entscheidungen stets mit der Gefahr wachsender ökonomischer Verluste verbunden sind. Die durch die technische Revolution ausgelösten ökonomischen Entwicklungstendenzen und die der VVB bzw. den Betrieben übertragene Verantwortung über riesige Werte der Gesellschaft erzwingen einen wissenschaftlich fundierten und organisierten Entscheidungsprozeß. Zugleich bietet die wissenschaftlich-technische Entwicklung in Form von Informations- und Funktionsmodellen und von Datenverarbeitungsanlagen neue Hilfsmittel, ohne die optimale Entscheidungsprozesse nicht möglich sind. Genau wie der Produktionsprozeß eines bestimmten Verfahrens zur Herstellung der Erzeugnisse bedarf, so unterliegt auch der Entscheidungsprozeß, modifiziert durch den sachlich ökonomischen Inhalt, einer Technologie. Die objektiv notwendigen Etappen eines Entscheidungsprozesses lassen sich nicht ohne Wirkung auf die Qualität der Entscheidung überspringen.
3. Die Vorbereitung von Führungsentscheidungen stellt, und das ist der dritte Gesichtspunkt, einen arbeitsteiligen Prozeß dar. Aber die Vorbereitung von Führungsentscheidungen, die zu einem großen Teil im Prozeß der Perspektivplanung des Führungsbereichs erfolgen, bedürfen des koordinierten Zusammenspiels der eigentlichen Führungsspitze, der Leiter der einzelnen Fachbereiche, Stabsorgane sowie der zweckmäßigen Teilnahme der Werktätigen an diesem Prozeß. Diese leicht aussprechbare Forderung wirft jedoch in der praktischen Durchführung eine Reihe echter Probleme auf, stellt hohe Anforderungen an die Leiter der Führungsbereiche. Hervorzuheben sind dabei z. B. die Entscheidungsplanung des Leiters des Führungsbereiches, also die Klarheit über den Inhalt und die Reihenfolge der zu erarbeitenden Entscheidungen ist Bedingung für die planmäßige Einbeziehung des Apparates, d. h. der Verwaltung, z. B. einer VVB. Hier kann die Netzwerktechnik auch für solche Probleme Hilfe leisten, indem sie sich als das zweckmäßigste Mittel er-

weist, Material, Arbeit und Zeit in richtige Verbindung miteinander zu bringen, um optimale Ziele verwirklichen zu können.

Und schließlich zählt dazu im Prozeß der Vorbereitung von Führungsentscheidungen die Arbeit des sozialistischen Leiters mit Stäben und Experten. Die Erweiterung des Feldes eigener Erkenntnisse durch die Einbeziehung von Stäben und Experten ist zu einer Grundfrage der wissenschaftlichen Führungstätigkeit unserer Führungskräfte geworden und schließt zugleich die sachkundige Einbeziehung der Werktätigen in den Führungsprozeß überhaupt ein. Diese durch die Arbeitsteilung und Spezialisierung im Führungsprozeß ausgelöste Entwicklungstendenz stellt sowohl an die Führungskräfte als auch an die Stabsorgane bedeutende Anforderungen. Die Leiter müssen das richtige Verhältnis zur Stabsarbeit finden, sie dürfen nicht davon ausgehen, daß sie als Leiter letztlich doch alles besser wissen. Andererseits darf die Stabsarbeit nicht dazu führen, daß die sozialistischen Leiter lediglich ihre Unterschrift unter die Entscheidung der „Stabsorgane" setzen. Die Stabsorgane z. B. des Generaldirektors einer VVB haben eine echte Initiativfunktion, sie müssen für die Führungskräfte entscheidungsgerechte Tätigkeit leisten.

4. Neben der inhaltlichen Qualität gewinnt vor allem der Zeitpunkt der Entscheidung und damit auch der Entscheidungsvorbereitung mehr und mehr an Bedeutung. Die Dynamik der technischen Revolution, die Härte des ökonomischen Kampfes auf dem Weltmarkt, insbesondere die Erscheinung des raschen moralischen Verschleißes von Erzeugnissen, Technologien, Forschungsergebnissen usw. setzt die Probleme rechtzeitiger Erkenntnis, rascher Entscheidungsvorbereitung und optimalem Zeitpunkt der Entscheidungen mit Macht auf die Tagesordnung. Die Rolle und den Nutzeffekt des Entscheidungsprozesses dürfen wir also nicht nur darin sehen, daß irgendwann eine Entscheidung notwendig wird, sondern daß sie zu einem bestimmten Zeitpunkt gefällt werden muß. Die richtige zeitliche Einordnung des Entscheidungsprozesses verlangt daher Kongruenz zwischen Entscheidungsinhalt und Zeitpunkt der Entscheidung.

5. Als fünften Gesichtspunkt im Entscheidungsprozeß, den wir zu beachten haben, möchte ich hervorheben, daß der subjektive Faktor wächst. Der Prozeß der Objektivierung des Entscheidungsprozesses führt notwendig zur Zunahme der Bedeutung des subjektiven Faktors. Worin liegen hierfür die Ursachen?

Die Leitung des Reproduktionsprozesses unter den Bedingungen der technischen Revolution führt dazu, daß die Entscheidungen in immer größerem Maße zukunftsbezogen und ständig risikovoller werden. Das verlangt eine immer größere Fähigkeit zur Voraussicht und bewußten Konstruktion, z. B. der aktiven Marktbearbeitung, der Prognostik usw. Die Entscheidungsfelder der Führungsbereiche, insbesondere die Entscheidungsbefugnisse der VVB und Betriebe für die verantwortliche Planung und Leitung des Reproduktionsprozesses des eigenen Führungsbereiches wachsen.

Das wachsende Bewußtsein der Werktätigen, die Erhöhung ihres kulturell-technischen Niveaus stellt zugleich größere Anforderungen an die subjektiven Fähigkeiten und charakterlichen Qualitäten der Führungskräfte. In diesem Zusammenhang spielen die Fähigkeiten der leitenden Mitarbeiter, zu echter Problemerkenntnis anzuregen, die Entscheidungsfreudigkeit und das Entscheidungsfällen vorbildlich zu demonstrieren und die Schöpferkraft der Werktätigen zur Entscheidungsvorbereitung zu nutzen, eine bedeutsame Rolle.

Im Zusammenhang mit dem Entscheidungsprozeß sei auf das *Problem der Kontrolle als Führungsmittel eingegangen.*[1] Kontrolle ist ein objektiv notwendiger Bestandteil der menschlichen Tätigkeit. Sie dient dem Menschen dazu, seine Ziele und Absichten mit den tatsächlichen Ergebnissen vergleichen zu können. Auf diesen Aspekt verwies bereits Karl Marx:

„Die Arbeit ist zunächst ein Prozeß zwischen Mensch und Natur, worin der Mensch seinen Stoffwechsel mit der Natur durch seine eigene Tat vermittelt, regelt und kontrolliert."[2]

Wir führten eingangs schon an, daß sozialistische Wirtschaftsführung das zielstrebige Verhalten der Volkswirtschaft und ihrer Teilsysteme zum Inhalt hat, das darin besteht, einen langfristig stabilen hohen Zuwachs an Nationaleinkommen zu erreichen. Politisch und ökonomisch zielstrebiges Verhalten erfordert den systematischen Soll-Ist-Vergleich, d. h. die Gegenüberstellung von Zielen und Absichten mit den tatsächlichen Ergebnissen und läßt damit die Kontrolle zu einem objektiv notwendigen Bestandteil der sozialistischen Wirtschaftsführung werden. Sie macht die Ergebnisse von Entscheidungen im Grad ihrer Effektivität sichtbar und schafft dadurch die Voraussetzungen für eine zielstrebige Steuerung des Reproduktionsprozesses auf höherer Stufenleiter.

Im Sozialismus ist die Kontrolle zugleich eine entscheidende Seite der Realisierung der sozialistischen Demokratie. Sie umfaßt die Beurteilung und Veränderung der Arbeit aller Führungsbereiche. Ihr Ziel ist auf ökonomi-

[1] Ausführlich werden diese Fragen von Günter Lewinsohn in: Die Kontrolle als Aufgabe des Leiters behandelt. [Unveröffentlichtes Manuskript)

[2] Marx/Engels, Werke, Bd 23, Berlin 1962, S. 192

schem Gebiet die Sicherung der höchstmöglichen Effektivität mit dem geringstmöglichen Aufwand. Der Begriff Kontrolle kommt aus dem Französischen und heißt soviel wie Gegenrolle, also Gegenüberstellung. Das Objekt der Kontrolle, z. B. die tatsächlichen Investitionen, der reale Gewinn und Verlust, die tatsächliche Entwicklung der Arbeitsproduktivität, die tatsächlichen Ergebnisse von Forschung und Entwicklung, der ökonomische Gesamtaufwand und Ertrag, die Fondsausnutzung usw. werden mit einem Sollziel gemessen. Damit die Kontrolle ihre Funktion erfüllen kann, bedarf es ihres Zusammenwirkens mit anderen Elementen der Führung, wie z. B. der Planung, der Analyse, der Organisation, Koordinierung und der Information. Wesentliche Elemente zur Verwirklichung der 2. Etappe des neuen ökonomischen Systems der Planung und Leitung, wie die höhere Qualität der prognostischen Arbeit in der Planung, die Verbesserung des Bilanzsystems und die Erhöhung der Bilanzvollmachten der VVB, die Entscheidung über Planaufgaben nach ökonomischen Mitteln an Hand von Varianten, die Konzentration der wissenschaftlich-technischen Arbeit auf volkswirtschaftlich entscheidende Aufgaben, die Eigenerwirtschaftung der Mittel unterstreichen die objektive Notwendigkeit der Kontrolle.

Welche Hauptanforderungen stellen wir an die Kontrolle? Von der Qualität, von der komplexen und rationellen Gestaltung des Systems der Kontrolle und ihrem zweckmäßigsten Einsatz hängt es ab, ob ihre Ergebnisse es dem Leiter ermöglichen, die Situation zu analysieren und exakte Schlußfolgerungen zu ziehen sowie notwendige Maßnahmen zur Veränderung auszuarbeiten und einzuleiten. Im Mittelpunkt steht dabei die Kontrolle der Aufstellung und Realisierung eines effektiven Planes. Wichtigster Ansatzpunkt für den Leiter ist dabei

1. die Kontrolle aller, mit der Forschung und Entwicklung zusammenhängender Aufgaben. Wir haben weiter vorn dargelegt, daß der wissenschaftlich-technische Fortschritt heute die wichtigsten ökonomischen Wachstumsimpulse auslöst. Die Forschung und Entwicklung ist die wesentlichste Tätigkeit, mit der wir planmäßig Vorlauf schaffen, um im Reproduktionsprozeß hocheffektiv sein zu können. Es geht also um die Kontrolle
   - wie die wissenschaftliche Leitung von der Forschung und Entwicklung bis zur Produktion gesichert wird,
   - ob die Forschung, was den Aufwand und Ertrag bzw. den ökonomischen Nutzeffekt betrifft, ebenfalls von der Ökonomie durchdrungen ist. Dazu gehören vor allem auch die ordnungsgemäße Verteidigung der Forschungs- und Entwicklungsaufgaben und die Abrechnung der realen Ergebnisse vor sachkundigen Gremien.

2. Ein entscheidendes Glied der Kontrolle ist das Investgeschehen des Führungsbereiches. Die entscheidende Frage bei der Kontrolle der Investitionstätigkeit ist, ob wir wirklich den kürzesten Weg gefunden haben zwischen ökonomischem Aufwand und Ertrag. Die Rationalisierungskonferenz hat uns diese Problematik nochmals eindringlich gezeigt.

   Die komplexe sozialistische Rationalisierung fordert von den sozialistischen Führungskräften die Kontrolle darüber, ob wirklich der günstigste Weg zur Erweiterung der Produktion und zur Erhöhung ihrer Qualität, zur Senkung der Kosten eingeschlagen wurde. Bereits die bisherigen Ergebnisse der Auswertung der Konferenz zeigen eindeutig, daß es viele Möglichkeiten zum rationellen Investeinsatz gab und gibt.

   Im Zusammenhang mit der Einführung der Eigenerwirtschaftung der Investitionsmittel müssen unsere Führungs- und Leitungskader immer stärker zur Kosten- und Aufwandsminimierung vom Investansatz her an ihre zukunftsbezogene Geschäftstätigkeit herangehen. Der ökonomischen und gesellschaftlichen Kontrolle auf diesem Gebiet kommt daher unter dem Blickwinkel künftiger Rationalität besonderer Wert zu.

3. Ein entscheidendes Kriterium der wirtschaftlichen Tätigkeit im Sozialismus ist die Erzielung höchster Ergebnisse mit geringstmöglichem Aufwand im Interesse der gesamten Gesellschaft und des Einzelnen. Die Kontrolle der finanziellen Ergebnisse des Reproduktionsprozesses, vor allem der Bewegung der Kennziffern Gewinn und Selbstkosten ist deshalb eine ständige Führungsaufgabe. Sie erfordert eine ständige exakte Ergebnisanalyse und Untersuchung der wesentlichsten Kostenabweichungen. Die Kontrolle auf diesem Gebiet sollte vor allem solche Fragen beachten wie die Grundmittelausnutzung, die Analyse der Gemeinkosten, die exakte Planung des Materialbedarfs, die rationelle Vorratswirtschaft und die Erhöhung der Materialökonomie. Je besser wir es lernen, die ökonomischen Gesetze des Sozialismus auszunutzen, um so mehr müssen wir es verstehen, finanzielle Probleme richtig einzuschätzen. Das neue ökonomische System der Planung bedeutet eine enorme Aufwertung des ökonomischen Handelns. Die Formen der Finanz- und Geldkontrolle sind dabei von besonderer Bedeutung.

4. Ein weiteres entscheidendes Gebiet der Kontrolle durch die Führungskader in ihrem Bereich ist die komplexe Analyse der Lage auf dem Gebiet der Produktivität und des Lohnes. Hier reicht die Palette von der Einführung neuer produktiver technologischer Verfahren, über Arbeitsstudien bis zur Anwendung ökonomisch zweckmäßiger Lohnformen. Natürlich ist z. B. ein VVB-Generaldirektor oder ein Werkleiter relativ

entfernt vom einzelnen Arbeitsplatz, aber ausgehend von der Erkenntnis, daß schließlich unmittelbar am Arbeitsplatz sich die Ergebnisse von Forschung und Entwicklung, Rationalisierungsinvestitionen, Produktionsorganisation, Materialökonomie usw. niederschlagen, ist es für ihn sehr wesentlich, die zu seinem Bereich gehörenden Betriebe vor allem auch unter dem Blickwinkel der Produktivität zu kontrollieren.

5. Zu den wesentlichsten Gliedern der komplexen Kontrolle gehört die Qualitätskontrolle. Die Qualität eines Erzeugnisses entscheidet in vielen Fällen über den ökonomischen Effekt. Ausgangspunkt für die Überwindung von Hemmnissen auf dem Gebiet der Qualität muß die Erkenntnis sein, daß die Qualität der Erzeugnisse durch den gesamten Reproduktionsprozeß bestimmt ist und daß eine Qualität so gut oder so schlecht ist wie das schwächste Glied dieses Prozesses. Dabei ist zu beachten, daß das Niveau eines Erzeugnisses nicht durch eine willkürlich herausgegriffene Kennziffer, sondern durch die Erfüllung einer Vielzahl von Anforderungen bestimmt wird, wie z. B. die Leistungsfähigkeit, Funktionstüchtigkeit, Lebensdauer, Gewicht, Formgebung, Ersatzteilversorgung und Kundendienst, Lieferfristen usw. Das erfordert aber, daß die Führungskräfte der sozialistischen Wirtschaft Reste der Ideologie überwinden, daß der Gütekontrolleur zuständig sei für die Qualität. Vielmehr reicht die Spannweite des Problems von der Forschung und Entwicklung über die Vorbereitung der Produktion, von der Fertigung und Lagerung bis zum Transport. Der Leiter des Führungsbereiches hat sich (einschließlich seiner Delegationsmöglichkeiten) auf das schwächste Kettenglied zu konzentrieren und herauszufinden, durch welche objektiven und subjektiven Einflüsse die Qualitätsmerkmale beeinträchtigt, werden und welche Maßnahmen zur Veränderung einzuleiten sind.
6. Wesentlicher Gegenstand der Kontrolle sind die Probleme des äußeren Marktes, insbesondere der Exportverpflichtungen. Dabei muß sich die Kontrolle der Leiter vor allem auf solche Fragen konzentrieren, wie die Herstellung weltmarktfähiger Erzeugnisse mit hoher Qualität, nach Menge und Sortiment, bei niedrigsten Kosten, hoher Devisenrentabilität und wettbewerbsfähigen Lieferfristen einschließlich Kundendienst. Die Kontrolle muß sich hier auf die ständige Analyse der Marktlage genauso erstrecken wie auf die Produktionsbedingungen der Herstellung der Erzeugnisse, ferner auf die Kundendienstorganisation, auf den Einsatz von Kräften für die Montage und Inbetriebsetzung der Anlagen und Ausrüstungen, schließlich auf das Reklamationswesen. Der Kontrolle auf diesem Gebiet kommt in unserer Wirtschaft, die stark außenwirtschaftlich verflochten ist, besondere Bedeutung zu.

7. Entscheidender Gegenstand der Kontrolle durch die Führungstätigkeit muß auch die Entwicklung der Kader sein. Hier reicht die Kontrolle von der Analyse des Kaderbedarfs und der Struktur im Perspektivzeitraum bis zur Untersuchung von Fluktuationen, des Betriebsklimas usw. Dabei stehen solche Fragen im Vordergrund, ob in der Entwicklung des jeweiligen Führungsbereiches, vor allem im Zusammenhang mit den Anforderungen aus Forschung und Entwicklung, aus der komplexen Rationalisierung, die personelle Seite berücksichtigt ist, ob die Funktionsplanung neuesten Erfordernissen entspricht, ob permanente Qualifizierung entsprechend den Aufgaben vorgesehen ist, ob die Berufsausbildung den Ansprüchen des Zweiges entspricht usw.

Natürlich wird es kaum einen Leiter geben, der nicht kontrolliert, entscheidend ist, was und wie er kontrolliert. Die Kontrolle mit ökonomischen Mitteln erfordert in jedem Falle eine gründliche ökonomische Analysentätigkeit sowie eine kurzfristige und aussagefähige Kostenkontrolle und Ergebnisrechnung. Die gründliche Analysentätigkeit ermöglicht es dem Leiter, wesentliche ökonomische Probleme bereits vorausschauend zu erkennen. Die schnelle und aussagefähige Kostenkontrolle und Ergebnisrechnung sind gleichzeitig Kontrollelemente seiner Leitungstätigkeit. Zweck der Kontrolle und das Kriterium zu ihrem Erfolg ist in letzter Konsequenz nicht, Erkenntnisse zu sammeln oder einen guten Bericht abzufassen, *sondern die durch sie zur richtigen Zeit bewirkte qualitative Veränderung und der dadurch erzielte Nutzeffekt. Kontrolle hat damit einen stark kybernetischen Aspekt.* Kontrolle muß also aktiv aufgefaßt werden. Die Tatsachenfeststellung kann nur der Ausgangspunkt für die Analyse der Ursachen und für Schlüsse zur Veränderung sein. Kontrollieren heißt also für den Leiter, Ergebnisse feststellen, ihre Abweichung von der Zielstellung zu analysieren und zu beurteilen, prinzipiell die Verantwortung festzuhalten, Schlußfolgerungen herauszuarbeiten und damit die angetroffenen Verhältnisse zu beeinflussen. Das bedeutet, daß der Leiter durch die Kontrolle in seinem Führungsbereich im Zusammenwirken mit anderen Elementen der Leitung verhüten, korrigieren, verändern und eine sichere Konzeption für seine weitere Arbeit schaffen muß. Kontrolle dieser Qualität hat zur Voraussetzung,

— daß der Leiter entsprechende Fähigkeiten z. B. zum Erkennen der Stellung seines Führungsbereiches in der Volkswirtschaft besitzt, daß er volkswirtschaftliche Zusammenhänge begreift, komplex und perspektivisch denken und handeln kann, daß er Fähigkeiten des Analysierens besitzt. Dies aber sind anerziehbare Kenntnisse, die durch Studium und Praxis erwerbbar sind;

— daß richtige Entscheidungen in bezug auf den Führungsbereich getroffen werden. Je qualifizierter die Entscheidungen, desto bessere Voraussetzungen sind für die Kontrolle gegeben und um so besser werden die Kontrollergebnisse die weiteren Entscheidungen beeinflussen können.
— Schließlich wird die Qualität der Kontrolle auch dadurch beeinflußt, wie es der Leiter versteht, eindeutige und präzise Aufträge bzw. Weisungen zu geben.

Es ist wohl eindeutig, daß moderne Führungsinstrumente, die mit der Anwendung der elektronischen Datenverarbeitung zusammenhängen, gleichzeitig einen enormen Fortschritt für die Entwicklung der ökonomischen Kontrolle bedeuten.

Im folgenden einige Bemerkungen zum System der Aus- und Weiterbildung von Führungskräften: Führungstätigkeit ist im Sozialismus natürlich stets ein Zusammenwirken mit den Werktätigen — entscheidende Tätigkeit zur Steuerung eines Führungsbereiches, also eines Betriebes, einer VVB, eines Ministeriums usw. Sie basiert auf den rechtlichen, wirtschaftlichen, technischen und sozialen Bedingungen der Führungsebene. Damit ist klar, daß Führungstätigkeit geistige Arbeit mit besonderer Verantwortung für den komplexen Verlauf des Reproduktionsprozesses ist. Jede sinnvolle Entscheidung erfordert geistiges Tätigwerden in bezug auf das Für und Wider, ein Abwägen und Vergleichen von Erfahrungen und gesetzten Erwartungen, ein objektives Beurteilen von Tatsachen, ein Analysieren von Informationen mit dem Ziel, mit geringstmöglichem Aufwand den höchstmöglichen Erfolg zu erreichen.

Unsere Führungskader müssen — ausgehend von ihrer Rolle im Führungsprozeß — begreifen, daß von der Qualität ihrer Arbeit in entscheidendem Maße die Effektivität des Wirtschaftens abhängt. Das Ausstatten mit Entscheidungsmöglichkeiten und ihr Wahrnehmen zeigt sich immer wieder als Problem. Analysen und Gespräche zeigen uns, daß Ursachen einiger Mängel in der Tätigkeit der Führungskräfte aus Fehleinschätzungen der Erfordernisse der technischen Revolution für den Sozialismus herrühren. Für die Führungskräfte der sozialistischen Wirtschaft ist es funktionsnotwendig, das Wesen der Entwicklung der Produktivkräfte zu verstehen, um daraus die Konsequenzen für die eigene Arbeit zu ziehen. Es ist ein wesentliches Glied der Führung des gesellschaftlichen Prozesses im Sozialismus, alles zu tun, um permanent den Widerspruch zwischen Qualifikationsniveau und praktischen Erfordernissen zu lösen. Damit ist aber auch gesagt: Praktische Erfahrungen sind zwar wichtig, aber in der Regel keineswegs ausreichend für rationelles Wirtschaften, für ein Wirtschaften, daß auf kürzestem Wege zum Erfolg führt. Aus diesem Grunde, um also die Führungskräfte systematisch und laufend mit neuen gesellschaftlichen Anforderungen vertraut zu machen, ihnen neue Methoden der Planung und Leitung zu vermitteln, moderne Instrumentarien und Organisationsformen zur Kenntnis zu bringen, sie mit Problemen der sozialistischen Menschenführung vertraut zu machen, aber auch, um im gezielten Erfahrungsaustausch praktische Erfahrungen kennenzulernen und Verallgemeinerungen vornehmen zu können, wurde der Aufbau eines Systems der Weiterbildung der Führungskader der verschiedensten Ebenen begonnen. Seit etwa einem halben Jahr arbeitet das Zentralinstitut für sozialistische Wirtschaftsführung beim ZK der SED. Dieses Institut ist Ausdruck eines objektiven Erfordernisses, nämlich, daß die Führung der Wirtschaft in unserer dynamischen Zeit nur mit immer neuen Kenntnissen gemeistert werden kann und zugleich Ausdruck der Fürsorge der sozialistischen Gesellschaft gegenüber den Werktätigen.

Am Zentralinstitut werden die Industrieminister und ihre Stellvertreter, die Stellvertreter des Vorsitzenden der Staatlichen Plankommission, des Finanzministers usw. weitergebildet. Den Kern bildet aber die Weiterbildung der Generaldirektoren der Vereinigung volkseigener Betriebe und der Werkleiter von Betrieben mit über 5000 Beschäftigten; weiter werden dort Vorsitzende der Bezirksplankommissionen bzw. der Bezirkswirtschaftsräte, Wirtschaftssekretäre der Partei und andere Funktionäre mit neuen Kenntnissen vertraut gemacht. Gleichzeitig wird das Zentralinstitut immer mehr zum Zentrum der Forschung auf dem Gebiet der Wirtschaftsführung entwickelt. Unser Bestreben ist das Forschen und Lehren aus der Praxis für die Praxis.

Die Erfahrungen der bisher durchgeführten Lehrgänge zeigen, daß die Rückkoppelung für unsere Wissenschaft groß ist.

Jeder Kader der Nomenklatur ist alle zwei bis drei Jahre zur Teilnahme an den Lehrgängen verpflichtet, die 4 Wochen dauern, so daß die Weiterbildung kein einmaliger Akt ist. Die Arbeiten, die von den Kursanten zur Lösung praktischer Führungsfragen angefertigt werden, erweisen sich auch für die Lehre von großem Nutzen. Neben dieser Form der Weiterbildung bereitet das Zentralinstitut Halbjahreslehrgänge vor, in denen Nachwuchskräfte, die sich in der Praxis bewährt haben, für die Übernahme von Spitzenfunktionen in der Wirtschaft vorbereitet werden. Dadurch entsteht eine wirkungsvolle Kaderreserve. An der Hochschule für Ökonomie, der Technischen Universität Dresden und der Technischen Hochschule für Chemie sind Institute für Wirtschaftsführung entstanden, die vornehmlich

Abteilungsleiter der Ministerien, stellvertretende Generaldirektoren, Werkleiter und stellvertretende Werkleiter weiterbilden. Andere Hochschulen werden ähnliche Aufgaben bekommen.

Dieses System hat seinen Unterbau in Kursen auf der Ebene der VVB und der Betriebe. Aus Erfahrung darf ich sagen, daß die Universitäten und Hochschulen diese ehrenvolle und verantwortliche Aufgabe ernsthaft in Angriff nehmen müssen. Sie schafft ihnen wichtige Kenntnisgrundlagen und Kontakte auch für die Erfüllung ihrer allgemeinen Ausbildungsaufgaben.

Die Erfahrungen der Lehrgänge bestätigen, daß viele Führungskader sich in einem Umdenkungsprozeß befinden.[1]

- Dabei muß in der Weiterbildung darauf geachtet werden, daß das selbständige volkswirtschaftliche Denken und Handeln der leitenden Genossen vertieft wird. Dann wird auch der bei einer Reihe leitender Genossen immer noch vorhandene Zug, die Planung primär als „Vorgang von oben" anzusehen, verschwinden und die Planung des eigenen Führungsbereiches mit den entsprechenden Anschlußstücken in den Mittelpunkt treten. Wesentlich ist dabei, daß die Leiter dazu erzogen werden, ihren eigenen Bereich als Bestandteil des Gesamtsystems der sozialistischen Volkswirtschaft zu erkennen.
- Eine weitere entscheidende Seite ist, daß wir unsere Leiter stärker zum komplexen Arbeiten erziehen. Immer noch zeigt sich die Erscheinung, daß wichtige Elemente des neuen ökonomischen Systems isoliert betrachtet werden, z. B. die Eigenerwirtschaftung der Mittel ohne die Produktionsaufgaben usw. und ohne die Verbindung zu den Erfordernissen der intensiven erweiterten Reproduktion.
- Wesentlich vertieft werden muß die Vermittlung moderner Methoden der Wirtschaftsführung, die den Bedingungen der technischen Revolution entsprechen und ohne die letztlich eine rationelle Führung selbst unmöglich ist. Das betrifft die Einsatzvorbereitung der elektronischen Datenverarbeitung und damit verbunden die Verarbeitung von Erkenntnissen der Kybernetik genauso wie die Anwendung praktikabler mathematischer Methoden für die Aufstellung effektiver Pläne. Die Erfahrungen zeigen, daß gerade auf diesen Gebieten ein regelrechter Umschulungsprozeß bei unseren Leitern nötig ist.
- An den Führungsinstituten muß auf die gezielte Vermittlung der neuesten Erkenntnisse auf dem Gebiet der Politischen Ökonomie des

[1] Siehe zu diesen Fragen Erich Honecker, Die Vorbereitung der Parteiwahlen 1966/67, Dietz Verlag 1966, S. 54f.

Sozialismus, der Philosophie usw. Wert gelegt werden; denn gerade hier gibt es großen Nachholebedarf, und das Niveau der leitenden Kader auf diesen Gebieten entspricht oft dem Niveau, das sie zum Zeitpunkt des Abschlusses ihres Studiums besaßen. Einigen Genossen fällt es sehr schwer, Konsequenzen aus der theoretischen Erkenntnis für die eigene Arbeit zu ziehen.

– Von großer Bedeutung ist die Verstärkung der Parteierziehung an den Führungsinstituten. Die gegenseitige politisch-ideologische Erziehung und die Selbsterziehung der Führungskader ist eine entscheidende Bedingung der sozialistischen Menschenführung. Dabei müssen auch solche Fragen wie ihr Verhältnis zur Partei, vor allem zur Grundorganisation, zu Fragen einer sozialistischen Lebensweise und Moral usw. behandelt werden.

Zu einigen Fragen der marxistisch-leninistischen Einschätzung der bürgerlichen Lehren von der Unternehmensführung[1]: Es wurde bereits hervorgehoben, daß die Ausarbeitung und Anwendung der Lehre von der sozialistischen Wirtschaftsführung ein objektives Erfordernis ist. Im Zusammenhang mit der notwendigen Auseinandersetzung mit dem kapitalistischen Management ist darüber Klarheit erforderlich, daß zwischen der sozialistischen Wirtschaftsführung und dem kapitalistischen Management grundsätzliche Unterschiede bestehen, die wir der Auseinandersetzung mit dem Management zugrunde legen müssen. Die Notwendigkeit einer gründlichen marxistischen Analyse des Managements ergibt sich im wesentlichen aus den Erfordernissen des ideologischen Klassenkampfes und aus den Erfordernissen des maximalen Zeitgewinns im ökonomischen Wettbewerb mit dem kapitalistischen Wirtschaftssystem.

Das Management als System ist im wesentlichen ein Ergebnis des entwickelten staatsmonopolistischen Kapitalismus und der technischen Revolution. Der Wissenschaftlichkeit und den Erfolgsaussichten des Versuchs des Managements, alle Seiten und Phasen des Reproduktionsprozesses im Monopolunternehmen wissenschaftlich zu erfassen und mit dem Ziel hoher und stabiler Monopolprofite, von Widersprüchen frei, in den gesamtwirtschaftlichen Reproduktionsprozeß einzuordnen, werden durch den Klassenkampf innerhalb der Monopolunternehmen und durch die Konkur-

[1] Die Ausführungen zur prinzipiellen Einschätzung des Managements stützen sich auf ein Manuskript von Hans-Joachim Braun. (Unveröffentlichte Thesen zum Thema: „Die kritische und parteiliche Auswertung des kapitalistischen Managements bei der Entwicklung der sozialistischen Wirtschaftsführung“)

renz zwischen den Monopolen von vornherein enge Grenzen gesetzt. Das einzelne Monopolunternehmen jedoch vermag durch die Anwendung moderner kapitalistischer Leitungsmethoden gegenüber Unternehmen, die deren Vorzüge nicht im gleichen Maße zur Wirkung bringen, entschiedene Vorteile in der Produktion und bei der Realisierung des Profits zu nutzen.

Es gilt hier vollauf die marxistische These der Erzielung von Extraprofit der konkurrierenden Kapitale bei Wahrnehmung von Effektivitätsvorteilen, in diesem Falle durch mehr oder weniger starke Ausnutzung des Effektivitätsfaktors Führung im kapitalistischen Unternehmen. Es handelt sich hier um eine moderne, aktuelle Erscheinungsform einer der kapitalistischen Produktion immanenten Gesetzmäßigkeit, nicht aber um die Überwindung der der kapitalistischen Produktionsweise eigenen Gesetzmäßigkeiten und antagonistischen Widersprüche.

Die Charakterisierung des Managements als Klasseninstrument des Monopolkapitals ist eine vorrangige Aufgabe bei der ideologischen Klärung unserer Positionen zur kapitalistischen Unternehmensführung.

In Übereinstimmung mit den Triebkräften der kapitalistischen Produktion zielt das Management auf die Erzielung von Maximalprofit; es ist insbesondere unter den Bedingungen des ökonomischen Wettbewerbs zwischen den beiden gesellschaftlichen Systemen und des damit verbundenen Anwachsens des Klassenkampfes auf ökonomischem Gebiet darauf gerichtet, die Grundlagen des Profitmachens, das kapitalistische Eigentum an den Produktionsmitteln und somit den Bestand der kapitalistischen Ausbeutergesellschaft überhaupt zu erhalten.

Maximale Rationalisierung der Produktion wie Erhaltung und Sicherung der kapitalistischen Ausbeutungsverhältnisse bestimmen gleichermaßen Inhalt und Methoden der kapitalistischen Unternehmensführung.

Zu den Schwerpunkten, mit denen sich die marxistische Wissenschaft parteilich und klassenmäßig auseinandersetzen muß, um die fortschrittlichen Kräfte in den entwickelten kapitalistischen Ländern und in den jungen Nationalstaaten ideologisch und theoretisch zu unterstützen und um bei uns selbst volle ideologische Klarheit zu schaffen, gehören unter anderem:

— die Behauptungen von der gesellschaftlichen Progressivität der kapitalistischen Unternehmen im Zusammenhang mit den public relations;
— die Elitetheorien vom kapitalistischen Manager und seine angeblich weitgehend unabhängige Stellung gegenüber den Eigentümern der Produktionsmittel;
— die Behauptung von der Identität der Interessen aller am kapitalistischen Produktionsprozeß Beteiligten;

— alle Formen der psychischen und sozialen Manipulierung der Werktätigen im Zusammenhang mit den human relations;
— die Militarisierung des kapitalistischen Leitungsprozesses;
— spezielle Formen und Methoden des monopolistischen Konkurrenzkampfes (u. a. bestimmte Seiten des Marketing).

Von hervorragender Bedeutung für unsere ideologische Auseinandersetzung mit dem westdeutschen Monopolkapital und ihren „Theoretikern" ist die Kennzeichnung des unmittelbaren Zusammenhangs zwischen dem Management als System und der Ideologie von der formierten Gesellschaft.

Die Konzeption der „formierten Gesellschaft" ist das den heutigen Bedingungen und dem gegenwärtigen Kräfteverhältnis in der Welt entsprechende Programm zur Durchsetzung der seit eh und je unveränderten, alten Ziele der Großmachtpolitik des deutschen Imperialismus. Sie ist auf die Unterdrückung der Werktätigen, auf die Liquidierung jeglicher Demokratie im Innern und auf die Ausdehnung, auf die Expansion der politischen und ökonomischen Macht der Monopole nach außen gerichtet. Es ist deshalb auch kein Zufall, daß der klangvolle Werbefeldzug für die „formierte Gesellschaft" zugleich verbunden ist mit entsprechenden revanchistischen Forderungen „gen Osten" und mit der Anmaßung, ordnungspolitisches Modell auch für den Westen zu sein.

Interessant ist, daß solche Manager wie Balke, der Chef der Bundesvereinigung der Arbeitnehmerverbände u. a. im Zusammenhang mit dem Programm der „formierten" Gesellschaft ihr Feuer gegen die Gewerkschaften und fortschrittlichen Intellektuellen konzentrieren und deren politische Einordnung in den Bonner Staat fordern. Die „formierte" Gesellschaft besteht in dem Versuch der absoluten Unterjochung aller Ideologien unter die Ideologie des Monopolkapitals als Bestandteil der Vorbereitung eines neuen revanchistischen Raubkrieges. Eindeutig richtet sich das „Programm" der formierten Gesellschaft vor allem gegen jede oppositionelle Regung in Westdeutschland. Es ist gleichzeitig ein neofaschistischer Versuch der „Bündelung der Kräfte" gegen den Osten. Ein deutlicher Ausdruck dafür ist auch die geradezu panische Angst der faschistischen Kräfte Westdeutschlands im Zusammenhang mit dem Briefwechsel zwischen SED und SPD. Gerade im Zusammenhang mit der „formierten" Gesellschaft zeigt sich aber nochmals, wie falsch es ist, das Management klassenindifferent zu betrachten.

Ziehen wir einige Lehren aus den „Thesen" Balkes:

1. Bei der kritischen, marxistischen Analyse der kapitalistischen Unternehmensführung, der in der staatsmonopolistischen westdeutschen Wirtschaft angewandten Praktiken des Managements ist es erforderlich, sowohl bei der Einschätzung der Führung des einzelnen Unternehmens

als auch der Formen und Methoden im Maßstab der Gesamtwirtschaft in Betracht zu ziehen, *daß Inhalt, Formen und Methoden der kapitalistischen Wirtschaftsführung* nicht im luftleeren Raum existieren, sondern *ein fester Bestandteil der Verwirklichung der sogenannten Konzeption der „formierten Gesellschaft"* sind.

2. *Eine der Hauptstoßrichtungen* besteht dabei gegenwärtig darin — mit oder ohne Notstand — *die Gewerkschaften von oben bis unten fest den Interessen der Monopole unterzuordnen.* Dazu entwickelte der Präsident der Bundesvereinigung der Arbeitgeberverbände Prof. S. Balke dem „Industriekurier" vom 30. April 1966 die Konzeption der Monopole.

3. *Ausgangspunkt ist die Abrede der unwiderruflichen Schuld und Hauptverantwortung des Großkapitals und der Monopole für die Errichtung der faschistischen Gewaltherrschaft in Deutschland.* Da Balke diese Verantwortung, ob ihrer historischen Unwiderruflichkeit, nicht völlig abstreiten kann, operiert er fadenscheinig damit, diese Hilfe sei „nie institutionalisiert" worden. Als seien Krupp, Hugenberg und andere nicht die Hauptvertreter des Großkapitals, sondern irgendwelche „Gemüsewarenhändler" gewesen!

4. An diese versuchte „Reinwaschung" des Großkapitals wird die „loyale, demokratische Forderung" angeschlossen, *keine gesellschaftliche Gruppe dürfe „Regierung und Parlament überspielen oder unter politischen Druck setzen."* Da die Bonner Regierung die Politik der Monopole macht, das Parlament in seiner Mehrheit aus Vertretern oder Parteigängern der Macht der Monopole zusammengesetzt ist, können unter den gegenwärtigen Bedingungen nur die Arbeiterklasse und die Gewerkschaften in die Lage kommen, politischen Druck im Interesse des Volkes auszuüben. Und das soll „legal" verhindert werden.

5. „Die politische Macht der Verbände (der Unternehmer) beruht vielfach auf Einbildung", meint Balke. „Natürlich nehmen die Verbände zur Gesetzgebung Stellung. Sie sind die klassischen Instrumente des Gesetzgebers", — erklärt Balke freimütig, „daß sie aber Ersatzparlamente seien, trifft für die Unternehmerseite nicht zu." Warum auch, *ihr* Parlament ist der Bundestag mit *ihrer* Mehrheit. „Die Gewerkschaften dagegen nehmen zu allen politischen Fragen Stellung", meint Balke demagogisch und legt dann umfassend die beabsichtigten Schlußfolgerungen der Bonner Staatsmacht dar.

„Wenn von Herrn Brenner gesagt wird, die Gewerkschaften seien zweifellos mehr als eine private Institution, so kann mich das nur überraschen. Das stößt nämlich ins Mark der Koalitionsfreiheit. Wenn die Gewerkschaften

mehr als private Organisation wären, dann müßten sie unter öffentlicher Kontrolle stehen." *Also unter Kontrolle der Bonner Staatsmacht.*

Die Erfahrungen bei der Ausarbeitung und Durchsetzung des neuen ökonomischen Systems der Planung und Leitung, speziell auch der Ergebnisse der Forschungsarbeit auf dem Gebiet der sozialistischen Wirtschaftsführung, beweisen eindeutig, daß die Theorie der sozialistischen Wirtschaftsführung zu ihrer Entwicklung der Erfahrungen und Kenntnisse des kapitalistischen Managements nicht bedarf.

Aus den Erfordernissen des Zeitfaktors bei der Durchsetzung der technischen Revolution in unserer Volkswirtschaft ergibt sich jedoch die Notwendigkeit, die Formen und Methoden der Leitung und Organisation, soweit sie objektive Erfordernisse der gesellschaftlichen Leitung der Produktion auf hoher Stufenleiter unter den Bedingungen einer hohen Konzentration der Produktion und eines bedeutenden Wachstums der Produktivkräfte widerspiegeln, zu studieren. Diese Formen und Methoden müssen vom Standpunkt unserer weiteren sozialistischen Entwicklung und der Verwirklichung der Aufgaben in der 2. Etappe des neuen ökonomischen Systems der Planung und Leitung auf ihre Zweckmäßigkeit unter unseren sozialistischen Bedingungen hin geprüft und gegebenenfalls zügig angewandt werden.

Es ist notwendig, bei der Auswertung des Managements von der Analyse des Gesamtproduktionsprozesses der Monopolunternehmen auszugehen, um zu unterscheiden zwischen den Seiten des Managements, die lediglich bzw. vorrangig der Erhaltung und Erweiterung der Ausbeutungsverhältnisse dienen und denen, die in erster Linie der stofflichen Reproduktion dienen und die wesentliche Ansatzpunkte für eine parteiliche, kritisch-schöpferische Auswertung bieten.

Folgende Gebiete des Managements sind — werden die aktuellen Aufgaben für die Weiterentwicklung unserer sozialistischen Ökonomik zugrunde gelegt — bei einer kritischen Auswertung für die Theorie und Praxis der sozialistischen Wirtschaftsführung u. a. von Interesse:

- Die führungsmäßige Meisterung der mit dem hohen Grad der Konzentration der Produktion verbundenen Probleme der Planung, Organisation und Kontrolle der Wirtschaftstätigkeit wie die Erfahrungen des Managements in Fragen der Wirtschaftsorganisation, die Anwendung moderner Leitungsinstrumente, bestimmte Seiten der Prognostik u. a.,
- die Gewährleistung von rationellem Denken und Handeln auf den verschiedenen Leitungsebenen der Unternehmen,
- die enge Verbindung von Forschung, Entwicklung und Technologie im gesamten wirtschaftlichen Prozeß des Unternehmens,

– die Ausrichtung und Wechselbeziehung von Produktion und Bedarf mit dem Markt und die dabei angewandten Stimuli zur Sicherung einer hocheffektiven Produktion.

Die Verwertbarkeit von Erfahrungen, Methoden und Instrumenten des Managements durch die sozialistische Wirtschaftsführung ist einzig und allein daran zu messen, ob diese oder jene Maßnahme dazu angetan ist, der Vervollkommnung der sozialistischen Ökonomik und damit den objektiven Interessen der Arbeiterklasse zu dienen.

Entscheidend für die Entwicklung der sozialistischen Wirtschaftsführung ist jedoch die eigene theoretische Basis und deren ständige Qualifizierung. Lassen Sie mich mit einem Zitat von Walter Ulbricht schließen, aus welchem die große Bedeutung der sozialistischen Wirtschaftsführung im Zusammenhang mit dem neuen ökonomischen System der Planung und Leitung ersichtlich wird.

„Die wissenschaftlich fundierte Führungstätigkeit in der Wirtschaft stellt nicht nur einen Hauptbestandteil des neuen ökonomischen Systems der Planung und Leitung dar, sondern dieses System ist auch nur dann voll zu verwirklichen, wenn wir die Führungstätigkeit auf das dafür erforderliche Niveau bringen. Die wissenschaftliche Führungstätigkeit in der Wirtschaft ist also identisch mit der aktiven und erfolgreichen Verwirklichung des neuen ökonomischen Systems der Planung und Leitung.“[1]

[1] Walter Ulbricht, Zum neuen ökonomischen System der Planung und Leitung, Berlin 1966, S. 125

PROF. DR. ERHARD ALBRECHT

Vom Nutzen des Studiums der griechischen Philosophie

(Sitzungsberichte der DAW zu Berlin, Klasse für Philosophie, Geschichte, Staats-, Rechts- und Wirtschaftswissenschaften, Jahrgang 1966, Nr. 5)

1966. 35 Seiten — 8° — MDN 2,50

Professor Albrecht geht in seinem Vortrag von der Wertschätzung aus, die die Klassiker des Marxismus/Leninismus der griechischen Philosophie entgegenbrachten. Er betont, daß das Studium der Geschichte der griechischen Philosophie ein Teil des Studiums der Welt der Antike überhaupt ist. Insbesondere würdigt er die Leistungen der ionischen Naturphilosophie und beschäftigt sich sodann mit dem Beitrag, den Aristoteles zur Entwicklung des wissenschaftlichen Denkens geleistet hat. Im letzten Teil wird das Verhältnis von Philosophie und Einzelwissenschaften dargelegt.

Bestellungen durch eine Buchhandlung erbeten

AKADEMIE-VERLAG BERLIN